Josue Moro Kepo

Le SAINT- ESPRIT

Josue Moro Kepo

Le SAINT- ESPRIT

Doctrine du Saint-Esprit

Éditions Croix du Salut

Imprint

Any brand names and product names mentioned in this book are subject to trademark, brand or patent protection and are trademarks or registered trademarks of their respective holders. The use of brand names, product names, common names, trade names, product descriptions etc. even without a particular marking in this work is in no way to be construed to mean that such names may be regarded as unrestricted in respect of trademark and brand protection legislation and could thus be used by anyone.

Cover image: www.ingimage.com

Publisher:
Éditions Croix du Salut
is a trademark of
Dodo Books Indian Ocean Ltd. and OmniScriptum S.R.L publishing group

120 High Road, East Finchley, London, N2 9ED, United Kingdom
Str. Armeneasca 28/1, office 1, Chisinau MD-2012, Republic of Moldova, Europe
Printed at: see last page
ISBN: 978-620-6-16965-9

Dédicace

Je dédie ce travail à Mon épouse YOLOKI AYA Sarah;

À mes enfants ARITE MORO Esther et BELANI MORO Josue;

À tout les lecteurs de ce Livre.

REMERCIEMENTS

Je rends grâce à Dieu qui m'a guidé dans la rédaction de ce livre;

Les homages à mes parents, BHANYA YUMA et AZIO MODO Lucie qui m'ont offert un bon héritage Jésus Christ;

Je remercie mes encadreurs spirituals qui ont fait de moi ce que je suis: Rev. YEKA WARA, Professeurs WAY ALEGE et son épouse ATIYE WAY, Patrick BAYIGA, Doctor BAGABA, Papa LUMAGO LEMERI et mes Pasteurs de l'église Francophone CECA 20 ville de Bunia Rev. ALIO ETSEGIRI Seme et Rev. Jean Marc UBUKANDI.

Que le Tout Puissant le bénisse au Centiple.

LE SAINT – ESPRIT

INTRODUCTION

Selon NISUS, A. (2001, p. 400), le Saint-Esprit est la troisieme personne de la trinité divine. L'oevre qu'il opère dans la vie des croyants dans l'église est fondamentale.

Pourtant, il a été relativement négligé dans la Théogie chrétienne. Par le passé, on se beaucoup plus intéressé aux deux autres personnes de la Trinite (le Père et le Fils) qu'à l'esprit.

C'est pour quoi on a pu le comparer, avec une certaine audance, à « La Cendrion de la Trinite ». Tandis que les deux autres (le Père et le Fils) se rendaient au bal théologique, l'Esprit à été mis de coté!

Mais c'est ne plus le cas. En effet, on assiste de nos jours à une renaissance de l'intérêt pour l'Esprit saint. Cet enthousiasme nouveau s'explique en partie par l'influence de mouvements pentecôtiste et charismaiques, qui ont touché toutes les églises, notament l'église catholique, l'église anglicane, dans une moindre mesure des eglises lutheriennes et réformées, mais surtout les églises de type évangelique. Les mouvements ont mis l'accent sur l'œuvre de l'esprit, en particulier sur le charisme qu'ils octroi aux chrétiens. Les églises ont été interpellées, et les théologiens ont étudie plus serieusement l'enseignement biblique relatif à son action dans l'œuvre du salut, à l'expérience qu'il suscite et aux dons qu'il accorde aux croyants

Même s'il faut admettre que l'Esprit a été quelque peu négligé dans la théologie chrétienne, il convient toutefois de nuancer une telle affirmation. Il serait faux de pretendre qu'avant l'apparition des mouvements pentecôtistes et charismatiques les chrétiens se seraient completement désintéressés de Lui.

Cette étude s'est focalisé sur quelque aspect du Sait_Esprit nontament : sa personne, sa Divinité, le nom et les Symboles du saint-Esprit, Les offenses contre le Saint-Esprit, les dons du Saint- Esprit, les Fruit du saint-Esprit et le Baptême du Saint- esprit.

CHAPITRE 1: LA PERSONNE DU SAINT ESPRIT

O. DEFINITION

Selon Dr Pache, R, (2011, P.1058), défini le Saint-Esprit comme la troisième personne de la Trinité. Il ajoute qu'on appelle en partie, l'Esprit de l'Eternel, l'Esprit du Seigneur, l'Esprit du Père et l'Esprit de Jésus. Il est Esprit de vérité, de vie, de foi, d'amour, de force, de sagesse, de grâce et de gloire etc.

Pour quoi dit- on que le Saint-Esprit est une personne? En voici quelques raisons.

1. 1 LA BIBLE UTILISE DES PRONOMS PERSONNELS LORSQU'ELLE SE REFERE AU SAINT- ESPRIT

Dans Jean 16: 7 Jésus dit: « Cependant je vous dis la vérité: il vous est avantageux que je m'en aille, car si je ne m'en vais pas, le consolateur ne viendra pas vers vous; mais, si je m'en vais, je vous l'enverrai »

Ici Jésus utilise le Saint- Esprit comme consolation qu'Il enverra pour nous consoler et Il ajoute que c'est un avantage pour nous.

Ce qui était avantageux pour les disciples: au v. 7. L'Esprit Saint allait venir les introduire dans toutes les conséquences célestes et éternelles de l'œuvre accomplie par la venue de Jésus ici-bas. Il les remplirait d'une joie et d'une paix qu'ils ne connurent jamais en suivant le Seigneur, puisqu'ils espéraient le voir établir le royaume pour Israël. Il leur révélerait un Christ céleste et glorieux et leur part en lui pour le temps et l'éternité. Tout serait avantageux pour eux, malgré leurs tribulations. C'est ce que le Seigneur leur annonce dans la suite du chapitre, mais auparavant il leur dit ce que la présence du Saint Esprit sera pour le monde.

En Jean 13: 15, Jésus dit: « Car je vous ai donné un exemple, afin que vous fassiez comme je vous ai fait »

En Jean 15: 26 « quand sera venu le consolateur, que je vous enverrai de la part du Père, L'Esprit de vérité, qui vient du Père, il rendra témoignage de moi ».

1.2 IL POSSEDE LES CARACTERISTIQUES D'UNE PERSONNE.

a) Une volonté

1 Corinthiens 12: 11 « Un seul et même Esprit opère toutes ces choses, les distribuant à chacun en particulier comme il veut »

b) Une intelligence

Néhémie 9:20 « Tu leur donnas ton Esprit pour les rendre sages, tu ne refusas point ta manne à leur bouche, et tu leur fournis de l'eau pour leur soif »

Romains 8:27 « Et celui qui sonde les cœurs connait quelle est la pensée de l'Esprit, parce que c'est selon Dieu qu'il intercède en faveur de saints »

L'Esprit de Dieu rend les hommes sages, sonde les cœurs de gens et intercède pour nous les croyants.

c) Une connaissance

1 Corinthiens 2:10-12 « verset 10. Dieu nous les a révélées par Esprit. Car l'Esprit sonde tout même les profondeur »

Au verset 11, Lequel des hommes, en effet, connait les choses de l'homme, si ce n'est l'esprit de l'homme qui est en lui ? De même, personne ne connait les choses de Dieu, si ce n'est l'Esprit de Dieu.

Verset 12, Or nous, nous n'avons pas reçu l'esprit du monde, mais l'Esprit qui vient de Dieu, afin que nous connaissions les choses que Dieu nous a données par sa grâce.

L'Esprit de Dieu révèle et sonde la profondeur, il connait les choses de l'homme, or personne ne connait les choses de Dieu, si ce n'est l'Esprit de Dieu. Au douzième verset, nous lisons que, nous connaissions les choses de Dieu grâce au Saint-Esprit.

d) Puissance

Actes 1 :8 *« Mais vous recevrez une puissance, le saint- Esprit survenant sur vous, et vous serez mes témoins à Jérusalem, dans toute la Judée, dans la Samarie, et jusqu'à l'extrémité de la terre.*

e) **Il peut aimer**

Romains 15: 8 « Je dis, en effet, que Christ a été serviteur des circoncis, pour prouver la véracité de Dieu en confirmant les promesses faites aux pères.

f) **Il peut être attristé**

Ephésiens 4:30 « N'attristez pas le Saint-Esprit de Dieu, par lequel vous avez été scellés pour le jour de la rédemption ».

Il est triste vraiment qu'à des gens qui sont assis dans les lieux célestes, Dieu soit obligé de faire des recommandations aussi élémentaires: ne mentez pas… ne volez pas… ne vous enivrez pas (ch. 5 v. 18 ep 5.18-21)… *Mais Il sait de quoi sont capables nos pauvres cœurs charnels, et le Diable, qui le sait aussi, ne manquera aucune des occasions que nous lui offrirons (v. 27).*

REMARQUONS QUE CHAQUE EXHORTATION EST ACCOMPAGNEE D'UN MOTIF PARTICULIEREMENT ELEVE ET TOUCHANT. LES TROIS PERSONNES DIVINES Y SONT INTERESSEES:

1.3 COMMENT EST CE QUE J'ATTRIST LE SAINT-ESPRIT

1. Quand je réalise que je ne peux pas vivre une vie de victoire sur le péché sans l'aide du Saint-Esprit, la manière dont je réponds quand le Saint-Esprit me parle devient très importante. Je dois tout d'abord prêter l'oreille à sa voix!

Écrit par Helen Simons

2. J'attriste le Saint-Esprit quand je n'écoute pas – l'Esprit est déçu, car il a tellement de choses à me dire qui peuvent me donner de la joie et du bonheur, et qui peuvent me conduire à une vie libre du péché et de moi-même.

1.4. La désobéissance attrite le Saint-Esprit

Jésus appelait le Saint-Esprit « l'Aide » et dit aussi: « *Quand le consolateur sera venu, l'Esprit de vérité, il vous conduira dans toute la vérité.* » Jean 16: 13 Tous les chrétiens sont appelés à suivre les traces de Jésus, lui qui n'a pas commis de péché. Mais je dois être conduit pas à pas, car je ne peux pas trouver le chemin tout seul. Dieu envoie le Saint-Esprit à ceux qui lui obéissent.

L'Esprit ne veut pas me forcer – mais souhaite me conduire à une vie de victoire, la vie la plus heureuse qu'un homme puisse vivre. Le Saint-Esprit veut me conduire sur le chemin de l'humilité, car c'est le seul chemin qui mène à une vie de victoire. Quand je ne veux pas me laisser guider, mais que je choisis plutôt mon propre chemin, j'attriste le Saint-Esprit.

1.5 IL FAIT CE QUE SEULEMENT UNE PERSONNE VERITABLE PEUT FAIRE.

a) Il sonde la profondeur de Dieu

> ***1corinthiens 2:10*: *« Or nous, nous n'avons pas reçu l'esprit du monde, mais l'Esprit qui vient de Dieu, afin que nous connaissions les choses que Dieu nous a données par sa grâce."***

L'apôtre Paul nous indique que l'Esprit sonde toutes choses, même les choses profondes de Dieu (v. 9, 10). Il n'y a que l'esprit d'un homme, qui est en lui, qui sache les choses que cet homme n'aura pas communiquées: ainsi personne ne connaît les choses de Dieu, sinon l'Esprit de Dieu; or c'est l'Esprit de Dieu que l'apôtre et les autres vases de révélation avaient reçu afin qu'ils connussent les choses gratuitement données de Dieu.

b) Il parle

> **En Apocalypse 2:7, nous lisons « Que celui qui a des oreilles entende ce que l'Esprit dit aux Églises: A celui qui vaincra je donnerai à manger de l'arbre de vie, qui est dans le paradis de Dieu.**

> **Comparer** Matthieu 11.15; Marc 7.16, **etc. *L'Esprit* qui parle ainsi *aux Églises* c'est** l'Esprit du Seigneur qui dicte ces lettres à Jean (**2 Corinthiens 3.17, comparez** Romains 8.9-10; **9**

> **Verset 9. "Quant à vous, vous n'êtes pas animés par votre nature propre mais par l'Esprit, si du moins l'Esprit de Dieu habite en vous. Si quelqu'un n'a pas l'Esprit de Christ IL ne lui appartient pas.**

Verset 10. Et si Christ est en vous, votre corps, il est vrai, est mort à cause du péché, mais votre esprit est vie à cause de la justice".

Le salut accordé à tous ceux qui croient. L'Écriture proclame que tout croyant sera sauvé. Il n'y a donc plus de différence entre le Juif et le Grec ; ils ont le même Seigneur, abondant en grâces pour tous ceux qui l'invoquent. Une parole de Joël, en effet, promet le salut à quiconque invoquera le nom du Seigneur (12, 13)

c) Il intercède

Romains 8 :26 « Si donc l'incirconcis observe les ordonnances de la loi, son incirconcision ne sera-t-elle pas tenue pour circoncision? »

Après le soupir de la nature (verset 22) **et le soupir des enfants de Dieu,** (verset 23) *les soupirs inexprimables de l'Esprit.*

L'apôtre avait opposé les deux premiers soupirs : « non seulement… mais aussi… », (verset 23) **il assimile (***et de même aussi***) l'intercession de l'Esprit au soupir des croyants, parce qu'ils sont de même nature.**

Grec: L'Esprit prend part à notre faiblesse avec nous, à notre place. Le verbe grec présente l'image d'un homme qui *saisit* un fardeau *avec* et *à la place de* celui qu'il veut aider à le porter. La suite développe cette pensée.

Le texte reçu porte : *nos faiblesses, Codex Sinaiticus*, B, A, C, D etc., : *notre faiblesse.*

On a entendu par *notre faiblesse*, nos défaillances dans l'attente persévérante sous le poids de l'affliction (**verset 26**) ; mais il s'agit plutôt de la faiblesse dans la prière, provenant de ce que *nous ne savons pas ce que nous devons demander pour prier comme il faut.*

d) Il porte témoignage

Jean 5 :26 Quand sera venu le consolateur, que je vous enverrai de la part du Père, l'Esprit de vérité, qui vient du Père, il rendra témoignage de moi;

Quelle bénédiction que le même Saint Esprit qui a oint Christ et a demeuré en Lui durant Son ministère sur la terre, allait enseigner toutes choses aux disciples, et leur restituer les paroles de Jésus ! C'est ce qui fut accompli, et davantage même, comme

Il convient à une Personne divine [le Saint Esprit] qui daigne servir en amour, étant envoyée par le Père au nom du Fils.

e) Il conduit, il dirige

(Romains 8 :14) « *Car tous ceux qui sont conduit par l'Esprit de Dieu sont fils de Dieu* ».

Par ce passage, nous en venons à la merveilleuse relation dans laquelle nous avons été introduits comme étant des êtres qui ne sont plus conduits par la chair et ne se trouvent pas non plus, comme autrefois Israël, dans la position de serviteurs ou d'esclaves. Nous sommes conduits aujourd'hui par l'Esprit de Dieu qui habite en nous, non point dans une crainte servile, mais dans la paix. S'il en est ainsi, c'est donc la preuve que nous sommes fils de Dieu. L'Esprit que nous avons reçu n'est pas «un esprit de servitude pour être encore dans la crainte», mais un «Esprit d'adoption, par lequel nous crions: Abba, Père!»

g) Il commande

Actes 16 : 6-7 « *Et ils traversèrent la Phrygie et le pays de Galatie, ayant été empêchés par le Saint Esprit d'annoncer la Parole en Asie.*
7. Et étant arrivés près de la Mysie, ils essayèrent de se rendre en Bithynie, mais l'Esprit de Jésus ne le leur permit pas".

En quittant cette contrée où il laissait une œuvre si belle, Paul traversa la Phrygie et la Galatie. Nous ignorons ce qu'il y fit, mais, d'après l'épître aux Galates, nous voyons que des assemblées s'y formèrent. Il paraissait tout naturel à l'apôtre de continuer son travail en passant de la Phrygie en Asie, nom que l'on donnait plus particulièrement à la partie de l'Asie Mineure située près de la mer Égée. Là se trouvaient les sept Églises auxquelles le Seigneur fit adresser les épîtres des chap. 2 et 3 de l'Apocalypse. Mais le Saint Esprit les empêche de s'y rendre, sans que nous sachions comment. Ils allèrent donc en Mysie, contrée voisine, puis cherchèrent à gagner la Bithynie, située au bord de la mer de Marmara. De nouveau «l'Esprit de Jésus» ne le leur permit pas; cette expression, qu'on ne trouve pas ailleurs, rappelle que cet Esprit conduisait Jésus dans une dépendance absolue de la volonté de Dieu.

h) Commande, il appellee les hommes à l'action et leur donne des taches à accomplir

Actes 13 : 2 Pendant qu'ils servaient le Seigneur dans leur ministère et qu'ils jeûnaient, le Saint Esprit dit: Mettez-moi à part Barnabas et Saul pour l'oeuvre à laquelle je les ai appelés. Ici l'Assemblée d'Antioche devient le point de départ de l'œuvre qui va s'accomplir parmi les nations. Barnabas et Saul sont appelés, mis à part, et s'en vont accompagner par les prières de l'Assemblée, leur première étape est l'ile de Chypre dont Barnabas était originaire (ch. 4 v. 36 a- 37).

CONCLUSION :

Le Saint-Esprit est Grand Consolateur

Jean 14 :16, *nous lisons « Et moi, je prierai le Père, et il vous donnera un autre consolateur, afin qu'il demeure éternellement avec vous, »*

Ce que Jésus demandera au Père, en leur faveur, c'est donc un autre soutien, toujours à leur portée, toujours prêt à venir à leur aide, au premier appel, dans leur lutte avec le monde. De cette signification fondamentale découlent aisément les applications suivantes : **soutien dans les moments de faiblesse ; conseiller dans les difficultés de la vie ; consolateur dans la souffrance.**

Le Saint-Esprit est une personne parce que qu'il pense, il ressent, il conçoit, il sait, il aime, il peut être triste et il accomplit toutes les actions d'une personne véritable.

CHAPITTRE 2 : LA DIVINITE DU SAINT- ESPRIT

Le Saint-Esprit est le Dieu-Puissant, il est l'égal, à tous point de vue du Père et du Fils.

2.1 LE SAINT-ESPRIT POSSEDE DES ATTRIBUTS DIVINS, IL EST:

2.1.1 ETERNEL

Hébreux 9 : 14 « combien plus le sang de Christ, qui, par un esprit éternel, s'est offert lui-même sans tache à Dieu, purifiera-t-il votre conscience des oeuvres mortes, afin que vous serviez le Dieu vivant! »

Ainsi c'est un sacrifice digne du Dieu saint et juste (car c'est *à Dieu* qu'il s'offre). Mais surtout il s'offre *par l'Esprit éternel*, c'est-à-dire animé, porté, consacré pour cet acte par l'Esprit de Dieu qui était en lui sans mesure dans une harmonie ineffable avec Dieu, qui s'associe à son œuvre par son Esprit, qui l'approuve, qui reçoit le sacrifice de sa volonté, de sa vie humaine, solidaire de notre humanité tout entière. Mais l'auteur dit plus encore.

L'auteur aurait pu employer le terme ordinaire de « Saint-Esprit », que lui prête, en effet, une variante peu autorisée ; mais non, il se sert de ce terme inusité : « l'Esprit *éternel* ». Son intention est de marquer que cet Esprit, qui communiquait à la personne du Christ « une puissance de vie impérissable » (Hébreux 7.16), confère à son sacrifice une valeur éternelle : c'est l'œuvre de Dieu accomplie pour l'éternité.

2.1.2 Omnipresent

Psaumes 139:7-10 "Verset. V.7 Où irais-je loin de ton esprit, et où fuirais-je loin de ta face?

V.8 Si je monte aux cieux, tu y es; Si je me couche au séjour des morts, t'y voilà.

V.9 Si je prends les ailes de l'aurore, et que j'aille habiter à l'extrémité de la mer,

V.10 là aussi ta main me conduira, Et ta droite me saisira".

Le psalmiste se met ici à la place d'un homme qui chercherait à fuir Dieu. Même à supposer que cet homme pût faire l'impossible, monter aux cieux, s'envoler au bout du monde, s'envelopper de ténèbres, il n'échapperait pas à l'Éternel. L'exemple de

Jonas, s'enfuyant *loin de la face de l'Éternel* (Jonas 1.3), se présente ici de lui-même à l'esprit.

Loin de ton Esprit. Le psalmiste pense à cet Esprit créateur, qui anime et pénètre toutes les œuvres de Dieu (Genèse 1.2; Psaumes 33.6; Psaumes 104.30).

2.1.3 Tout Puissant

Luc 1:35 "L'ange lui répondit: Le Saint-Esprit viendra sur toi, et la puissance du Très-Haut te couvrira de son ombre. C'est pourquoi le saint enfant qui naîtra de toi sera appelé Fils de Dieu".

L'*Esprit-Saint* et la *puissance du Très-Haut* sont deux expressions qui indiquent une seule et même chose, avec cette distinction que la première désigne l'essence, la seconde l'action créatrice du Saint-Esprit.

De même les verbes *viendra sur toi* et *te couvrira de son ombre* expriment un fait unique, le premier désignant l'acte initial, le second impliquant une notion de durée. L'image que celui-ci retrace est une allusion aux théophanies de l'Ancien Testament, qui s'annonçaient par la presence d'une nuée (Exode 40.34; Nombres 9.15; 1 Rois 8.10, et ailleurs. Comparer Luc 9.34, où se retrouve le même terme que dans notre verset).

Le sens de ces paroles est que la promesse faite à Marie allait s'accomplir en elle par une création étrangère à l'ordre ordinaire de la nature.

Il faut se garder de mêler à l'exquise délicatesse de ce discours qui à elle seule suffirait pour en démontrer la céleste origine, des explications souvent bien peu en harmonie avec la pureté et la beauté des images par lesquelles la bouche d'un ange a voilé ce profond mystère.

> **Génèse 1:2- 7** *"La terre était informe et vide: il y avait des ténèbres à la surface de l'abîme, et l'esprit de Dieu se mouvait au-dessus des eaux.*
> *³ Dieu dit: Que la lumière soit! Et la lumière fut.*
> *⁴ Dieu vit que la lumière était bonne; et Dieu sépara la lumière d'avec les ténèbres.*
> *⁵ Dieu appela la lumière jour, et il appela les ténèbres nuit. Ainsi, il y eut un soir, et il y eut un matin: ce fut le premier jour.*
> *⁶ Dieu dit: Qu'il y ait une étendue entre les eaux, et qu'elle sépare les eaux d'avec les eaux.*

> *Et Dieu fit l'étendue, et il sépara les eaux qui sont au-dessous de l'étendue d'avec les eaux qui sont au-dessus de l'étendue. Et cela fut ainsi".*

Avant que rien n'existe de tout l'Univers actuel, Dieu qui n'a pas de commencement est préent. Et il nous permet d'assister au déroulement de son travail de création. Quand nous voulons fabriquer un objet quelconque, nous avons d'abord besoins d'un certain materiel. Mais à Dieu il suffit de parler pour que tout soit fait à partir de rien.

Ce récit à la fois majestieux et simple, apportr une réponse definitive à la grande question que les hommes, depuis toujours, n'ont cesséde se poser. : "Qui a mesuré les eaux, les réglé les cieux, peséles montagnes, Qui a crée ls choses" Esaie 40:12 Qui a mesuré les eaux dans le creux de sa main, Pris les dimensions des cieux avec la paume, Et ramassé la poussière de la terre dans un tiers de mesure? Qui a pesé les montagnes au crochet, et les collines à la balance?

Proverbes 30:4 *"Qui est monté aux cieux, et qui en est descendu? Qui a recueilli le vent dans ses mains? Qui a serré les eaux dans son vêtement? Qui a fait paraître les extrémités de la terre? Quel est son nom, et quel est le nom de son fils? Le sais-tu?*

Pour celui qui est sage, Dieu est Tout Puissant.

2.1.4 Saint

Luc 11:13 « Si donc, méchants comme vous l'êtes, vous savez donner de bonnes choses à vos enfants, à combien plus forte raison le Père céleste donnera-t-il le Saint Esprit à ceux qui le lui demandent ».

Quel contraste avec la bonté et l'amour du *Père qui est du ciel !*

D'après Matthieu, Jésus dit : votre Père donnera *des biens*, ou *de bonnes choses*, à ceux qui les lui demandent.

Cette expression est plus simple, et plus en harmonie avec l'image qui précède, que les termes employés par Luc : *donnera l'Esprit-Saint*. Mais d'autre part, le Saint-Esprit est le plus précieux des dons de Dieu et le gage de tous les autres.

2.1.5 La verité

1 Jean 5:6 "C'est lui, Jésus Christ, qui est venu avec de l'eau et du sang; non avec l'eau seulement, mais avec l'eau et avec le sang; et c'est l'Esprit qui rend témoignage, parce que l'Esprit est la vérité".

L'Esprit rend ce témoignage, il le rend avec une puissance irrésistible, *parce que l'Esprit est la vérité*, Il l'est, comme Christ l'est lui-même (Jean 14.6), en tant qu'il est « la vie », la vie de Dieu manifestée et communiquée aux hommes, et, par conséquent, la c'est réalité suprême.

2.1.6 Bienveillant

Néhemie 9:20 "Tu leur donnas ton bon esprit pour les rendre sages, tu ne refusas point ta manne à leur bouche, et tu leur fournis de l'eau pour leur soif".

Bien plus, ils avaient abandonné Dieu, leur conducteur, pour se choisir un chef qui les ramenât en Égypte. Enfin, ils avaient couronné leur mépris de l'Éternel par le veau d'or, et avaient fait à Dieu «de grands outrages». Alors ils furent condamnés aux quarante ans du désert; et malgré cela, Dieu s'était montré envers eux **un Dieu de bonté**

2.2 LE SAINT- ESPRIT POSSEDE DES ATTRIBUTS DIVINS, Il est

2.2.1 La creation

Job 33: 4 "L'esprit de Dieu m'a créé, Et le souffle du Tout Puissant m'anime."

La première œuvre majeure de Dieu sur cette planète fut sa Création. La Bible mentionne clairement Dieu (Gn 1.1) et Jésus-Christ (Col 1.16,17) comme Créateur du ciel et de la terre et de tout ce qui, en réalité, a été fait (Jn 1.1-3). Cependant, la Bible mentionne également la présence du Saint-Esprit au sein de cette œuvre de Création. Lisez Genèse 1.2; **Job 26.13; 33.4**; Psaumes 33.6; 104.29,30. Quel a été le rôle du Saint-Esprit lors de la Création? Quel est le lien entre l'Esprit de Dieu et la création de la vie? Le récit de la Création dans Genèse 1.2 mentionne la présence de l'Esprit de Dieu. Job 26.13; 33.4; Psaume 104.29,30 et Psaume 33.6 confirment le rôle actif du

Saint-Esprit lors de la Création surnaturelle de la terre. La Bible mentionne clairement Dieu le Père et son divin Fils, Jésus-Christ, comme étant actifs dans la création du monde (voir Es 64.8; Col 1.16, 17), le Saint-Esprit étant également présent, bien que de manière plus subtile. Il n'apparaît pas comme l'acteur central de l'histoire de la Création. À La Place, il « plane » (Colombe) au-dessus des eaux, et à travers ce mouvement, il est présent à la genèse de la vie sur cette terre. Le terme en hébreu pour « planer » ou « tournoyer » (merahepeth) au-dessus des eaux, terme employé en Genèse 1.2, est le même mot employé dans Deutéronome 32.11, quand Dieu est comparé à un aigle qui tournoie au-dessus de ses petits dans le nid. Le Saint-Esprit est intimement impliqué dans la création de la vie sur cette terre et il prend soin des êtres vivants nouvellement créés comme un aigle le ferait pour ses petits. Le Psaume 104.30 laisse entendre que l'acte de création a été rendu possible uniquement par l'action du Saint-Esprit, et qu'il a joué un rôle actif lors de ce processus. Le Saint-Esprit était non seulement présent à la Création de ce monde, mais un acteur de la creation.

2.2.3 Le Salut

> *I Corinthiens 6:11 "Et c'est là ce que vous étiez, quelques-uns de vous. Mais vous avez été lavés, mais vous avez été sanctifiés, mais vous avez été justifiés au nom du Seigneur Jésus-Christ, et par l'Esprit de notre Dieu".*

L'œuvre accomplie par la troisième personne de la Trinité dans le salut de l'homme demeure pour beaucoup une grande inconnue. Elle est pourtant cruciale. Par elle, en effet, le dessein éternel du Père et l'œuvre rédemptrice du Fils s'appliquent à l'âme des élus, les faisant bénéficier des bienfaits du salut.

Ephesiens 1:13 "En lui vous aussi, après avoir entendu la parole de la vérité, l'Evangile de votre salut, en lui vous avez cru et vous avez été scellés du Saint-Esprit qui avait été promis,"

2.2.4 Il donne de la Vie

> ***En Jean 6:63 nous lissons"*** *C'est l'esprit qui vivifie; la chair ne sert de rien. Les paroles que je vous ai dites sont esprit et vie."*

On peut donc vouloir un Christ qui enseigne, qui nourrit les foules, fait des miracles et un homme modèle. Qui a donné sa vie pour le monde.

2.2.5 Il est lauteur de la nouvelle Naissance Jean 3: 5-6

> "***Jésus répondit: En vérité, en vérité, je te le dis, si un homme ne naît d'eau et d'Esprit, il ne peut entrer dans le royaume de Dieu.***
> ***Ce qui est né de la chair est chair, et ce qui est né de l'Esprit est Esprit."***

Ici le Seigneur s'explique. Il fallait deux choses, être né de l'eau et de l'Esprit: l'eau purifie l'homme; en l'appliquant spirituellement, cette purification a lieu dans ses affections, cœur, conscience, pensées, actes, etc. On existe, et l'on est, en pratique, moralement purifié par l'application de la parole de Dieu qui juge tout par la puissance de l'Esprit de Dieu, et opère en nous, d'une manière vivante, de nouvelles pensées et affections. C'est ce que veut dire: «être né d'eau»: c'est de fait la mort de la chair. La vraie eau qui purifie chrétiennement est sortie du côté d'un Christ mort: il est venu par l'eau et par le sang, dans la puissance de la purification et de l'expiation; il sanctifie l'Assemblée, en la purifiant «par le lavage d'eau par Parole[1]». «Vous êtes déjà nets, à cause de la parole que je vous ai dite». C'est donc la Parole puissante de Dieu qui, puisque l'homme doit être né de nouveau dans le Principe et la source de son être moral, juge, comme étant la mort, tout ce qui est de la chair[2]. Mais il y a, de fait, la communication d'une vie nouvelle; «ce qui est né de l'Esprit est esprit», n'est pas chair, tient sa nature de l'Esprit. La Parole ne dit pas est «l'Esprit»; ce serait une incarnation de l'Esprit de Dieu: — mais elle est esprit, cette nouvelle vie; elle partage la nature de Celui qui en est l'origine.

2.2.6 Il deonne de prophecie

> *2 pierre 1:21 nous lisons « car ce n'est pas par une volonté d'homme qu'une prophétie a jamais été apportée, mais c'est poussé par le Saint-Esprit que des hommes ont parlé de la part de Dieu."*

Aucune *prophétie de l'Écriture ne devient d'une interprétation particulière.*

c'est-à-dire que le prophète lui-même, quand il la recevait, par une vision, un songe, ou une inspiration de l'Esprit, souvent n'en comprenait pas d'abord le sens et la portée, mais qu'il ne se permettait pas de l'interpréter, employant sa raison, ses réflexions à scruter l'avenir qui lui était indiqué, mêlant des prévisions humaines à la révélation divine.

Il lui fallait, avant de *parler*, un nouveau secours, que l'auteur nomme au **verset 21**. Il expose, pour confirmer son assertion précédente, d'abord négativement puis positivement, le principe de toute prophétie : *jamais prophétie ne fut apportée*, inspirée, produite *par* la propre *volonté d'un homme*, par son esprit ou son génie ; *mais* c'est (grec) *portés* eux-mêmes, *poussés par l'Esprit-Saint*, que *des hommes venant de la part de Dieu ont parlé.*

La plupart des commentateurs pensent que l'interprétation s'applique à la prophétie déjà formulée; ils traduisent : « Aucune prophétie n'est un objet d'interprétation individuelle », le Saint-Esprit seul peut amener ceux qui la lisent à en bien saisir le sens.

2.2.7 Il convainc les hommes de peche, de justice et de jugement:

Jean 16: 8-11

> *"Et quand il sera venu, il convaincra le monde en ce qui concerne le péché, la justice, et le jugement:*
> *¹¹en ce qui concerne le péché, parce qu'ils ne croient pas en moi;*
> *¹⁰ la justice, parce que je vais au Père, et que vous ne me verrez plus;*
> *¹¹ le jugement, parce que le prince de ce monde est jugé."*

Cependant la mission du Saint Esprit n'est pas seulement de consoler ceux qui appartiennent au Seigneur Jésus, mais aussi d'agir à l'égard du monde: « Il confondra le monde au sujet du péché, de la justice et du jugement » (v. 8). Le monde est dans le péché et le Seigneur Jésus est venu dans ce monde, lui l'Agneau de Dieu qui ôte le péché du monde. En portant nos péchés en son corps sur le bois de la croix, le Seigneur Jésus a connu la juste colère de Dieu contre le péché, et Il a porté lui le jugement que nous méritions. Dieu est juste maintenant et il justifie celui qui est de la foi en Jésus (Rom. 3: 21-26), et celui qui croit ne vient pas en jugement. Le Saint Esprit est là pour convaincre les hommes qu'ils sont des pécheurs perdus et les amener à croire au Seigneur Jésus. Mais pour ceux qui refusent de croire, Dieu sera juste en les condamnant au jugement éternel. Nous pouvons bien rappeler les paroles solennelles et sans équivoque de la fin du chapitre 3: «Qui croit au Fils a la vie éternelle; mais qui désobéit au Fils ne verra pas la vie, mais la colère de Dieu demeure sur lui ».

Nous trouvons un exemple remarquable de l'action du Saint Esprit dans un homme lorsqu'Etienne comparaît devant le sanhédrin et témoigne du nom de Jésus par la puissance de l'Esprit. « Ils ne pouvaient pas résister à la sagesse et à l'Esprit par lesquels il parlait… Mais lui étant plein de l'Esprit Saint et fixant les yeux vers le ciel, vit la gloire de Dieu et Jésus debout à la droite de Dieu » (Act. 6: 10; 7: 55). Alors les hommes ne peuvent supporter ce témoignage et lapident Etienne.

CHAPITRE 3: LES NOMS ET LES SYMBOLES DU SAINT-ESPRIT

3. 1 Certains des noms du Saint-Esprit

3.1.1   Le Saint-Esprit, Luc11:13

"Si donc, méchants comme vous l'êtes, vous savez donner de bonnes choses à vos enfants, à combien plus forte raison le Père céleste donnera-t-il le Saint Esprit à ceux qui le lui demandent".

Dans l'attitude de Marie à la fin du chapitre précédent, qui nous la montre assise aux pieds du Seigneur pour écouter sa Parole, et dans l'enseignement de la prière ici, nous voyons les deux grandes ressources dont le Saint Esprit dispose pour prendre soin des rachetés en attendant le retour du Seigneur

3.1.2 L'Esprit de Grace, Hebreux10:29

"De quel Pire châtiment pensez-vous que sera jugé digne celui qui aura foulé aux pieds le Fils de Dieu, qui aura tenu pour profane le sang de l'alliance, par lequel il a été sanctifié, et qui aura outragé **l'Esprit de la grâce**?"

(v.26-31).Ils nous montrent les terribles conséquences de l'abandon de la profession chrétienne. Il importe que nous saisissions bien leur portée. D'abord, qu'est-ce que la vérité dont il est ici question? C'est évidemment le christianisme, mais, selon la doctrine précédemment exposée, le christianisme au point de vue de la valeur parfaite et suffisante du sacrifice de Christ offert une fois pour toutes pour ôter le péché, sacrifice qui ne saurait se répéter. Si, après avoir connu cette vérité et l'avoir professée en reconnaissant la valeur de ce sacrifice, on l'abandonnait et l'on choisissait volontairement le péché, c'est-à-dire une marche selon sa propre volonté, il n'y avait pas un autre sacrifice auquel on pût recourir. L'unique sacrifice efficace pour ôter les péchés, avait été rejeté. On se constituait adversaire de Christ et de la grâce, et pour de telles personnes il ne restait que le jugement qui allait certainement les atteindre et les consumer

3.1.3 Esprit de Feu

Mathieu 3:11- 12 "Moi, je vous baptise d'eau, pour vous amener à la repentance; mais celui qui vient après moi est plus puissant que moi, et je ne suis pas digne de porter ses souliers. Lui, il vous baptisera du Saint Esprit et de feu.

¹²Il a son van à la main; il nettoiera son aire, et il amassera son blé dans le grenier, mais il brûlera la paille dans un feu qui ne s'éteint point."

Des quatre évangiles, celui de **Matthieu** est le plus complet et donne la meilleure vue d'ensemble sur la vie et la mort du Seigneur. D'autre part, constituant la transition entre l'Ancien Testament et le Nouveau, représentant le lien de l'un à l'autre, cet évangile occupe à bon escient la première place dans le canon du Nouveau Testament.

L'intention du Saint Esprit dans cet évangile est clairement indiquée dès le premier verset: Jésus Christ est le Fils de David et le Fils d'Abraham et, par conséquent, le Messie, le Roi d'Israël promis, légitime, Celui qui accomplit toutes les promesses de l'Ancien Testament.

" Celui qui vient". C'est ainsi qu'Antoine Nous ini

« Celui qui vient ». C'est ainsi qu'Antoine Nouis intitule cette péricope. Si Jean Baptiste avait été un peintre, qu'aurait-il représenté pour dire « l'Esprit saint et le feu » ou « la fourche à la main » ? Jésus parlait avec la pensée de son temps à des hommes de son temps ;

3.1.4 Esprit de Verite

Jean, 14:17 "l'Esprit de vérité, que le monde ne peut recevoir, parce qu'il ne le voit point et ne le connaît point; mais vous, vous le connaissez, car il demeure avec vous, et il sera en vous."

1Jean 5:6 "C'est lui, Jésus-Christ, qui est venu avec de l'eau et du sang; non avec l'eau seulement, mais avec l'eau et avec le sang; et c'est l'Esprit qui rend témoignage, parce que l'Esprit est la vérité."

Le témoignage rendu à ce don de la vie éternelle. Les témoins sont trois: l'Esprit, l'eau et le sang. C'est ce Jésus, le Fils de Dieu, qui est venu par l'eau et par le sang non par l'eau seulement, mais par l'eau et par le sang. L'Esprit aussi rend témoignage, parce qu'il est la vérité. La chose à laquelle ils rendent témoignage, c'est que Dieu nous a donné la vie

3.1.5 Esprit de Vie

Romain 8:2 "En effet, la loi de l'esprit de vie en Jésus-Christ m'a affranchi de la loi du péché et de la mort.

" *L'Esprit* n'est pas l'élément spirituel qui élève l'homme au-dessus de la brute mais, comme l'indique le complément *de vie*, c'est l'Esprit de Dieu qui crée la vie et qui la communique au croyant.

En parlant de *la loi de l'Esprit de vie*, qu'il oppose à *la loi du péché et de la mort*, l'apôtre emploie ce mot de loi dans le sens de puissance réglée, de régime qui s'impose à la volonté (comparez **Romains 7.21; Romains 7.23**).

3.1.6 Esprit de Sagesse et de Connaissance

> ***Esaie, 11:2 "L'Esprit de l'Eternel reposera sur lui: Esprit de sagesse et d'intelligence, Esprit de conseil et de force, Esprit de connaissance et de crainte de l'Eternel."***

La richesse, contenue dans le terme général, est déployée dans les six termes qui suivent, groupés deux par deux. Les deux premiers appartiennent au domaine **intellectuel** : la *sagesse* est la connaissance de la vraie nature des choses et de la pensée de Dieu, que l'Esprit Saint met seul l'homme en état de pénétrer (**1 Corinthiens 2.10-11**); l'*intelligence* est le sûr discernement du vrai et du faux, du bien et du mal, qui résulte de cette connaissance. Ces deux dons font de lui le parfait révélateur et juge.

Le second groupe appartient à la sphère de l'**activité pratique** : le *conseil* consiste à découvrir en chaque cas particulier, soit pour d'autres, soit pour soi-même, le but qui doit être poursuivi et les moyens propres à y conduire ; la *force* désigne l'énergie, la persévérance et le succès dans l'exécution du plan que l'on poursuit. Comparez **Ésaïe 9.5**. Ces deux dons font de lui le protecteur et le roi parfait d'Israël.

3.1.7 Esprit de Promesse,

Ephesien 1:13 "En lui vous aussi, après avoir entendu la parole de la vérité, l'Evangile de votre salut, en lui vous avez cru et vous avez été scellés du Saint-Esprit qui avait été promis,"

Paul parle maintenant à des chrétiens qui sont issus du paganisme et qui se sont convertis à Christ de la même manière que ceux venant du judaïsme. Il va démontrer qu'ils ne sont en rien inférieurs aux chrétiens ayant espérés par avance en Christ au travers de l'attente messianique. Car Christ a réuni en lui les Juifs et les Gentils.

Les apôtres ont annoncé la parole de la vérité. Ils ont annoncé les mystère qui était caché en Dieu de toute éternité, c'est-à-dire Christ. Paul dira dans la première épître à Timothée: « Cette parole est certaine et digne d'être entièrement reçue, que le Christ est venu dans le monde pour sauver les pécheurs. » Cette parole entendue ou lue est donc la parole de la vérité et est vraiment digne de foi.

3.1.8 Esprit de Gloire

1. Pierre 4:14 "Si vous êtes outragés pour le nom de Christ, vous êtes heureux, parce que l'Esprit de gloire, l'Esprit de Dieu, repose sur vous"

Aux mots : *l'Esprit de la gloire, Codex Sinaiticus* ajoute : *et de sa puissance.*

Quel contraste entre les *outrages* du monde et le glorieux Esprit qui anime et fortifie les chrétiens ! Voilà pourquoi ils sont proclamés *bienheureux.*

Cette consolation est si puissante, qu'elle a soutenu et rendu joyeux beaucoup de martyrs.

Le texte reçu ajoute : *il est blasphémé par eux, mais il est glorifié par vous.* Il s'agit de Christ que le monde *blasphème*, tandis que les chrétiens le *glorifient* en souffrant pour lui.

3.1.9 Esprit de Dieu, Esprit de Christ,

1 Corinthiens 3:16 "Ne savez-vous pas que vous êtes le temple de Dieu, et que l'Esprit de Dieu habite en vous?"

Nous sommes temples de Dieu, temples de l'Esprit, nous sommes au Christ et le Christ est à Dieu. Dès lors, réalisons le bien, nous nous perdons si nous oublions ces fondamentaux. Dès lors aussi, nous vivons pleinement si nous les respectons… Nous avons la chance d'avoir un double guide, le conducteur intérieur, l'Esprit de Dieu, le conducteur extérieur, le Christ Jésus venu en notre chair… pour nous mener à la vie véritable, à la vie de tous, une conduite qui nous respecte, nous appelle, nous épaule, nous unit tous…

Romain 8:9 "Pour vous, vous ne vivez pas selon la chair, mais selon l'esprit, si du moins **l'Esprit de Dieu** habite en vous. Si quelqu'un n'a pas **l'Esprit de Christ**, il ne lui appartient pas." «Il n'y a donc maintenant aucune condamnation pour ceux qui sont dans le Christ Jésus». L'apôtre ne parle pas ici de l'efficace du sang (tout essentiel qu'il soit, comme base de tout le reste), mais de cette nouvelle position qui est entièrement en dehors de l'atteinte de tout ce à quoi le jugement de Dieu s'appliquait. Christ a bien été sous l'effet de la condamnation à notre place, mais quand, ressuscité, il se présente devant Dieu, peut-il être question là de péché, ou de colère, ou de condamnation, ou d'imputation? Impossible. La question a été vidée avant que Christ montât auprès de Dieu. Christ est auprès de Dieu, parce que la question a été vidée, et telle est la position du chrétien en Christ. Or, puisque c'est par la résurrection, c'est une vraie délivrance; c'est la puissance d'une nouvelle vie, dans laquelle Christ est ressuscité et de laquelle nous vivons en lui. Elle est, quant à la vie du saint, la puissance efficace et constante par laquelle Christ a été ressuscité: c'est pourquoi elle est appelée **la loi de l'Esprit de vie dans le Christ Jésus; et elle m'a délivré de la loi du péché** et de la mort, qui régnait auparavant dans mes membres pour produire du fruit pour la mort. C'est notre union avec Christ, en résurrection, union produite par le Saint Esprit et rendant témoignage de la puissance de vie qui est en Lui

---

3.1.10 Le Consolateur

Jean 14:16 "Et moi, je prierai le Père, et il vous donnera un autre consolateur, afin qu'il demeure éternellement avec vous"

Ce que Jésus demandera au Père, en leur faveur, c'est donc un autre soutien, toujours à leur portée, toujours prêt à venir à leur aide, au premier appel, dans leur lutte avec le monde. De cette signification fondamentale découlent aisément les applications suivantes : soutien dans les moments de faiblesse; conseiller dans les difficultés de la vie; consolateur dans la souffrance. Par là il fera pour eux ce qu'avait fait pendant ces dernières années le Maître bien-aimé qui les quittait

3.2 Certains de Symboles du saint- Esprit

3.2.1 *Leau:*

jean 3:5; 7:38-39 "Jésus répondit: En vérité, en vérité, je te le dis, si un homme ne naît d'eau et d'Esprit, il ne peut entrer dans le royaume de Dieu."

L'eau fertilise, rafrsaichit, elle lave, elle est gratuite, elle coule en abundance.

3.2.2 **Le feu***:*

(Mathieu 3:11) "Moi, je vous baptise d'eau, pour vous amener à la repentance; mais celui qui vient après moi est plus puissant que moi, et je ne suis pas digne de porter ses souliers. Lui, il vous baptisera du Saint Esprit et de feu."

Jean annonce ensuite l'arrivée de Celui qui venait après lui. Il est plus puissant que lui, dont il n'est pas digne de porter les sandales. Il ne baptiserait pas d'eau, mais de l'Esprit Saint et de feu: **de l'Esprit Saint**, qui serait la puissance de vie par laquelle ceux qui croyaient pourraient servir et glorifier Dieu dans le nouvel état de choses que le Seigneur introduirait; **de feu**, c'est-à-dire du jugement de Christ sur ceux qui ne le recevraient pas. «Il a son van dans sa main, et il nettoiera entièrement son aire et assemblera son froment dans le grenier; mais il brûlera la balle au feu inextinguible». Le van sert à séparer la balle du grain, lorsqu'on a battu le blé.

3.2.3 Le vent:

Jean3: 8 "Le vent souffle où il veut, et tu en entends le bruit; mais tu ne sais d'où il vient, ni où il va. Il en est ainsi de tout homme qui est né de l'Esprit."

Dieu opère par son Esprit; c'est ce qui caractérise son action; Il n'y a rien de l'homme, qui n'y comprend rien. «Le vent souffle où il veut, et tu en entends le son; mais tu ne sais pas d'où il vient, ni où il va: il en est ainsi de tout homme qui est né de l'Esprit».

3.2.4 L'huile

*Psaumes 45:7 "Tu aimes la justice, et tu hais la méchanceté: C'est pourquoi, ô Dieu, ton Dieu **t'a oint D'une huile de joie**, par privilège sur tes collègues."*

Dieu profita de la traversée du désert pour donner à Son peuple quelques directives destinées à le rendre différent des autres peuples de l'époque. Dans bien des cas la leçon importante qu'Il voulait leur enseigner tenait en un mot: **obéissance**.

C'est Lui seul qui choisissait ceux qui devaient Le servir (rois ou prêtres) et la manière de le faire.

Et pour les distinguer des autres, Il avait élaboré une concoction spéciale à base d'huile d'olives mélangée à différentes essences (Exode 30. 23-33). La cérémonie de l'onction mettait à part l'homme choisi par Dieu. Ainsi les grands-prêtres, des rois comme Saül, David et tant d'autres furent oints avant d'entrer au service de Dieu. Au delà de l'huile sainte versée par Samuel, c'était l'Esprit de Dieu qui entrait en eux pour leur conférer la puissance et la sagesse nécessaires à leur mission.

Ce "Trésor du jour" est une méditation audio tirée de la brochure trimestrielle "Sa Parole pour Aujourd'hui".

http://www.saparole.com/

3.2.5 La pluie et la Rosée

Psaumes 72: 6 "Il sera comme une pluie qui tombe sur un terrain fauché, Comme des ondées qui arrosent la campagne."

Qu'il soit comme la pluie. L'image de campagnes fertiles (verset 3) est toujours devant les veux du psalmiste; la bénédiction qu'attire sur le pays un roi juste est comparée à la pluie qui fait repousser l'herbe après qu'on l'a fauchée. David, dans le tableau qu'il fait, avant de mourir, d'un règne juste, emploie des images analogues (2 Samuel 23.4).

3.2.6 La colombe:

Mathieu 3:16 "Dès que Jésus eut été baptisé, il sortit de l'eau. Et voici, les cieux s'ouvrirent, et il vit l'Esprit de Dieu descendre comme une colombe et venir sur lui."

(v. 16, 17). — De sa demeure céleste, Dieu contemplait cette scène merveilleuse, où l'objet de ses délices éternelles, l'homme de ses conseils, était confondu avec les autres hommes et refusait toute distinction. Alors il proclame lui-même publiquement ce qui distingue son Fils. Jésus ayant été baptisé, «les cieux lui furent ouverts, et il vit l'Esprit de Dieu descendre comme une colombe, et venir sur lui. Et voici une voix qui venait des cieux, disant: Celui-ci est mon Fils bien-aimé, en qui j'ai trouvé mon plaisir».

De grandes et merveilleuses choses sont présentées dans ce moment sublime. Énumérons-en seulement quelques-unes:

1. Le ciel est ouvert, afin que les regards de Dieu et son bon plaisir reposent sur un objet selon son cœur, chose que Dieu n'avait pu faire jusqu'ici à l'égard d'aucun homme.
2. Dieu lui-même proclame que Jésus était son propre Fils.
3. La Trinité se manifeste pour la première fois: le Père envoyant le **Saint Esprit sur le Fils.** Cette pleine révélation de Dieu caractérise les bénédictions du christianisme, où Dieu est révélé comme Père par le Fils et où le Saint Esprit est le sceau par lequel Dieu reconnaît le croyant comme enfant. C'est la grâce parfaite.

---

4. Le Seigneur est scellé du Saint Esprit en vertu de sa nature divine, absolument exempte de toute tache, afin que, dans la puissance de cet Esprit, cet Homme divin accomplisse son ministère de grâce au milieu des hommes, tandis que le croyant ne peut être scellé du Saint Esprit qu'une fois accomplie l'œuvre expiatoire de Christ. Dieu ne peut le reconnaître comme enfant avant qu'il n'ait été purifié de ses péchés par le sang de Christ.

Remarquons aussi la forme sous laquelle le Saint Esprit descend sur Christ. La colombe exprime l'humilité, la grâce, la douceur qui l'ont caractérisé dans son service d'amour ici-bas.

Quels sujets infinis les évangiles placent devant nous! Quelle profondeur divine nous entrevoyons dans la glorieuse personne de Jésus, l'Homme-Dieu venu en grâce au milieu des pécheurs! Mais c'est encourageant de savoir que, si ces choses merveilleuses sont cachées aux sages et aux intelligents, cachées à la raison humaine, elles sont révélées aux petits enfants, c'est-à-dire aux croyants.

3.2.7 La voix

Esaie 6:8 « J'entendis la voix du Seigneur, disant: Qui enverrai-je, et qui marchera pour nous? Je répondis: Me voici, envoie-moi.»

Dans une vision glorieuse, le jeune Ésaïe se trouve soudain placé en présence du Dieu très saint. L'effet solennel de cette présence est une conviction de péché qui amène le prophète à prononcer un nouveau malheur, cette fois contre lui-même (comp. Luc 5:8 lc 5.1-11). Mais la grâce de Dieu va pourvoir aux exigences de Sa propre sainteté. L'autel est à côté du trône. La purification du pécheur s'accomplit par ce qui parle du sacrifice de Christ. Et voyez avec quel empressement Ésaïe se présente aussitôt pour servir Celui qui vient d'ôter son péché. Sommes-nous prêts à répondre ainsi à l'appel du Seigneur: «Me voici, envoie-moi»?

C'est une étrange mission que reçoit en premier lieu le jeune prophète: Il s'agit pour lui d'annoncer à «ce peuple» que Dieu leur rendra son message incompréhensible. Endurcissement souvent rappelé (Matt. 13:14… mt 13.10-17), envoyé seulement après que ce peuple ait lui-même «rejeté avec dédain la parole du Saint d'Israël» (ch.

5 v. 24 es 5.24-25). Et Dieu le permet pour que «les nations» puissent avoir part au salut (Rom. 11:25 rm 11.22-26

3.2.8 Le sceau

> ***Apocalypse 7:2-3*** *« Et je vis un autre ange, qui montait du côté du soleil levant, et qui tenait le sceau du Dieu vivant; il cria d'une voix forte aux quatre anges à qui il avait été donné de faire du mal à la terre et à la mer, et il dit:*
>
> *Ne faites point de mal à la terre, ni à la mer, ni aux arbres, jusqu'à ce que nous ayons marqué du sceau le front des serviteurs de notre Dieu."*

Et je vis un autre ange *(un messager de Dieu)*, **qui montait du côté du soleil levant** *(de l'est)*, **et qui tenait le sceau du Dieu vivant** *(Ce sceau représente la protection surnaturelle d'un regroupement d'hommes sauvés.)*. **il** *(l'ange)* **cria d'une voix forte aux quatre anges** *(du premier verset)* **à qui il avait été donné** *(comme mission)* **de faire du mal** *(faire souffrir)* **à la terre et à la mer, et il dit:**

3 Ne faites point de mal *(souffrir)* **à la terre, ni à la mer, ni aux arbres** *(Un court moment de répit des jugements est commandé.)*, **jusqu'à ce que nous ayons marqué du sceau le front** *(Un sceau spirituel offrant la protection divine)* **des serviteurs de notre Dieu.** *(Les serviteurs de Dieu en question sont 144 000 hommes d'origine juive.*

CHAPITRE 4: LES OFFENSES CONTRE LE SAINT- ESPRIT

Le croyant comme le non - croyant peut péché contre le Saint-Esprit. Ces offenses sont parfois similaires. La chose importante est que pécher contre le Saint-Esprit produit des conséquénces terribles.

4.1 PECHE COMMIS PAR LE NON-CROYANT

4.1.1 Resister au Saint-Esprit

> ***Actesn7:51 "Hommes au cou raide, incirconcis de coeur et d'oreilles! Vous vous opposez toujours au Saint Esprit. Ce que vos pères ont été, vous l'êtes aussi."***

Le discours d'Étienne fait ressortir la souveraineté de la grâce du Dieu de gloire. Il appela Abraham à sortir de l'idolâtrie établie dans le monde, afin d'avoir un peuple pour lui, privilégié et favorisé entre tous. Il montre la fidélité de Dieu à accomplir sa parole en sa faveur, tandis que le peuple persiste à ne pas l'écouter. Si l'idolâtrie ne caractérisait pas ceux au milieu desquels Christ vint et auxquels Étienne s'adressait, ils résistaient toujours à l'Esprit Saint, comme leurs pères, plus gravement encore que dans l'idolâtrie, puisqu'ils mirent à mort Jésus.

4.1.2 Insulter le Saint-Esprit

Hebreux 10:29 *"De quel pire châtiment pensez-vous que sera jugé digne celui qui aura foulé aux pieds le Fils de Dieu, qui aura tenu pour profane le sang de l'alliance, par lequel il a été sanctifié, et qui aura outragé l'Esprit de la grâce?"*

L'apôtre qui, dans toute l'épître, a fait ressortir l'excellence du christianisme sur le judaïsme, montre aussi que le mépris du premier amènera un jugement plus terrible que celui qui frappait les contempteurs du second. Mépriser la loi que Dieu avait donnée par Moise, c'était la rejeter, et ceux qui se rendaient coupables de crimes qui impliquaient ce mépris, étaient sans miséricorde mis à mort. Rien ne pouvait expier leur péché (voyez Lév. 24:10-16; Nomb. 15:32-36; Deut. 17:2-7). Or, rejeter le christianisme après l'avoir connu et professé, était un crime infiniment plus grand. En effet, les deux grands privilèges chrétiens sont le sacrifice unique et parfait que le Fils de Dieu a offert sur la croix en se livrant lui-même, et la présence du Saint Esprit qui rend témoignage à la grâce divine manifestée dans ce sacrifice. Abandonner ces privilèges après les avoir connus et professés, c'était fouler aux pieds celui qu'on avait reconnu comme le Fils de Dieu; c'était estimer profane le sang de l'alliance par lequel on avait professé être mis à part; c'était enfin faire outrage à l'Esprit de grâce. Dieu, sa grâce, son Fils, le sacrifice de Celui-ci, et l'Esprit Saint qui lui rend témoignage, tout était rejeté et méprisé, et que restait-il comme terme final d'une telle voie, sinon le juste jugement de la part de Celui à qui appartient la vengeance et qui rendra à chacun selon ses œuvres? Le jugement par le Seigneur est une chose certaine: il l'a déclaré; et combien n'est-il pas terrible de tomber entre les mains du Dieu vivant pour en recevoir le juste salaire du plus grand des péchés, de celui qui ferme la porte à tout espoir, le rejet volontaire de sa grâce

4.1.3 Blasphémer contre le Saint-Esprit

> ***Mathieu 12:31; 32*** *"C'est pourquoi je vous dis: Tout péché et tout blasphème sera pardonné aux hommes, mais le blasphème contre l'Esprit ne sera point pardonné."*
>
> [32] *Quiconque parlera contre le Fils de l'homme, il lui sera pardonné; mais quiconque parlera contre le Saint Esprit, il ne lui sera pardonné ni dans ce siècle ni dans le siècle à venir."*

Un homme démoniaque aveugle et muet fut amené au Seigneur, et il le guérit. Les foules, voyant un miracle si merveilleux, disaient avec étonnement: «Celui-ci serait-il le Fils de David?» En entendant cela, les pharisiens, qui redoutaient les effets de la puissance de Dieu, ne pouvant renier le miracle, l'attribuèrent au chef des démons. Leur haine pour Jésus les aveuglait à tel point qu'ils ne se rendaient pas compte de l'absurdité de leur accusation; car, comme le Seigneur le leur dit: «Tout royaume divisé contre lui-même sera réduit en désert... Si Satan chasse Satan, il est divisé contre lui-même; comment donc son royaume subsistera-t-il?» C'est par la puissance du Saint Esprit que le Seigneur chassait les démons; pour s'en servir, contre Satan, il avait dû lier l'homme fort, lors de la tentation au désert; et, en vertu de cette victoire, il pouvait piller ses biens, c'est-à-dire délivrer ceux que Satan avait asservis à sa puissance. Le déploiement de cette puissance sur les démons prouvait que le royaume était parvenu jusqu'à ces misérables Juifs. C'est par l'exercice de cette puissance que s'établira plus tard le royaume, lors de l'apparition du Fils de l'homme.

Cette accusation de chasser les démons par Béelzébul constituait un péché d'une gravité exceptionnelle, car ce n'était rien moins qu'attribuer à Satan la puissance par laquelle le Seigneur agissait. Aussi le Seigneur dit que «tout péché et tout blasphème sera pardonné aux hommes... Et quiconque aura parlé contre le Fils de l'homme, il lui sera pardonné; mais quiconque aura parlé contre l'Esprit Saint, il ne lui sera pardonné ni dans ce siècle, ni dans celui qui est à venir». Le Seigneur dit aussi en parlant de ses bourreaux: «Père, pardonne-leur, car ils ne savent ce qu'ils font». Quelle grâce insondable ces paroles révèlent! Mais traiter la puissance du Saint Esprit de puissance du diable, cela ne serait pardonné à ceux qui s'en rendraient coupables, ni dans ce siècle-ci — le siècle de la loi, le siècle où les Juifs étaient alors — ni dans le siècle à venir — le siècle où le Seigneur établirait son royaume en vertu de cette même autorité. Car comment des hommes qui attribueraient à Satan la puissance par laquelle le royaume serait établi, pourraient-ils avoir la vie pour y entrer? Le temps actuel est celui de la grâce, qui se trouve entre les deux siècles mentionnés. Il y a des personnes que l'Ennemi trouble de nos jours en leur faisant croire qu'elles ont commis le péché ou blasphémé contre le Saint Esprit, et que par conséquent elles ne peuvent être sauvées. Pour le commettre il faut se trouver dans le temps où cette puissance s'exerce. Aujourd'hui, «quiconque croit a la vie éternelle».

4.2 PECHE COMMIS PAR LE CROYANT

4.2.1 Attrister le Saint-Esprit

Ephesiens 4: 30, 31; "N'attristez pas le Saint Esprit de Dieu, par lequel vous avez été scellés pour le jour de la rédemption.

31 Que toute amertume, toute animosité, toute colère, toute clameur, toute calomnie, et toute espèce de méchanceté, disparaissent du milieu de vous."

Dans ces derniers versets du chapitre, nous n'avons pas seulement ce que nous avons à ôter, mais ce que nous avons à revêtir. Non-pas le mensonge, mais la vérité. Non-pas voler, mais travailler pour avoir de quoi donner à d'autres. Non-pas un langage corrompu, mais des paroles de grâce et d'édification. Non-pas de la colère et de l'amertume et de la crierie, mais de la bonté et du pardon. Et tout ceci en vue de la grâce que Dieu nous a montrée à cause de Christ, et en vue de l'habitation de l'Esprit de Dieu.

Nous sommes scellés du Saint Esprit jusqu'au jour de la rédemption de nos corps et de tout l'héritage acheté par le sang de Christ. Il ne nous laissera pas, mais Il est très sensible à l'égard de la sainteté. Nous pouvons facilement l'attrister, et en conséquence perdre un temps les heureuses expériences qui résultent de Sa présence. Que Dieu nous aide à prendre très à cœur ces instructions pratiques, pour que nous ne marchions pas comme le monde, mais en justice, sainteté et vérité.

Esaie 63:10 "Mais ils ont été rebelles, ils ont attristé son esprit saint; Et il est devenu leur ennemi, il a combattu contre eux."

4.2.2 Mentir au Saint-Esprit

Actes 5; 3, 4 "Pierre lui dit: Ananias, pourquoi Satan a-t-il rempli ton coeur, au point que tu mentes au Saint Esprit, et que tu aies retenu une partie du prix du champ?

4 S'il n'eût pas été vendu, ne te restait-il pas? Et, après qu'il a été vendu, le prix n'était-il pas à ta disposition? Comment as-tu pu mettre en ton coeur un pareil dessein? Ce n'est pas à des hommes que tu as menti, mais à Dieu." C'est ce dont Ananias et

Sapphira firent l'expérience. Pierre dit: «Ananias, pourquoi Satan a-t-il rempli ton cœur, que tu aies menti à l'Esprit Saint et que tu aies mis de côté une partie du prix de la terre? Si elle fût restée non vendue, ne te demeurait-elle pas? Et vendue, n'était-elle pas en ton pouvoir? Comment t'es-tu proposé cette action dans ton cœur? Tu n'as pas menti aux hommes, mais à Dieu» (v. 3, 4). La présence manifeste du Saint Esprit déployant une si grande puissance au milieu des disciples constituait la gravité de ce mensonge. L'amour de l'argent, actif dans le cœur d'Ananias et de Sapphira, n'avait pas été jugé et les avait soustraits à l'influence divine de l'Esprit Saint, en les poussant à préméditer cet acte, chose très grave aussi, qui montre que, froidement, ils décidèrent ensemble de mentir à l'Esprit Saint, ce qui était mentir à Dieu. Tout péché est un acte très grave puisqu'il offense Dieu. Il est bon de s'en souvenir, parce que nous sommes habiles à justifier nos fautes. Il faut avoir soin de juger toute pensée mauvaise dès qu'elle apparaît, sinon, nous nous familiarisons avec elle et perdons la conscience de la gravité du mal: «La convoitise, ayant conçu, enfante le péché; et le péché, étant consommé, produit la mort» (Jacques 1:15). C'est ce qui arriva à Judas; Ananias et Sapphira en sont aussi un exemple frappant.

4.2.3 Eteindre l'"Esprit

4.2.4 1 Thessalonissiens 5: 19 *"N'éteignez pas l'Esprit"*

Les versets 19-22 nous parlent de nos devoirs à l'égard des manifestations spirituelles dans l'Assemblée.

«N'éteignez pas l'Esprit». C'est une recommandation très importante, et souvent contredite dans la pratique. Il arrive dans les assemblées qu'un jeune frère, après avoir résisté longtemps à l'appel du Saint Esprit, après avoir fait preuve de mainte hésitation, est enfin contraint de rendre grâces. Il le fait peut-être d'une manière faible et incomplète, manquant encore de confiance en la direction du Saint Esprit, préoccupé de lui-même au lieu de penser au Seigneur.

Nous qui assistons à cette victoire de l'Esprit, en lutte avec la chair, ne l'éteignons pas. Les forts ont à supporter l'infirmité des faibles et ainsi se produiront chez plusieurs dans l'assemblée des progrès qui peuvent conduire à l'exercice d'un don spirituel véritable.

Conclusion

Résister au Saint-Esprit c'est reister à son oeuvre régénératrice. Attrister l"Esprit qui demeure au Coeur du croyant. Eteindre l'Esprit c'est étouffer la voix du Saint-Esprit qui nous parle et nous engage au service de Dieu.

CHAPITRE 5: LES DONS DU SAINT-ESPRIT

5.1 QUI PEUT RECEVOIR LES DONS DE L'ESPRIT.

Chaque chrétien peut recevoir les dons de l'Esprit: « Tout cela est l'œuvre d'un seul et même Esprit qui distribue son activité à chacun de manière particulière comme il veut » (1 Corinthiens 12v11); « **Chacun de vous a reçu de Dieu un don particulier** » (1 Pierre 4v10). « Chacun », c'est-à-dire tous ceux qui acceptent de s'engager dans l'Eglise: on peut cacher son ou ses dons, comme le serviteur qui a reçu un talent (Matthieu 25v18); cela peut être, comme pour ce serviteur, par peur (v25).

Mais il me semble que ce sont les autres qui voient le mieux mes capacités et non pas moi qui les met en avant et qui me propose.

5.2 QUEL EST LE BUT DES DONS DE L'ESPRIT.

Le but des dons de l'esprit est pour aider les autres. « Que chacun mette au service des autres le don qu'il a reçu » (1 Pierre 4v10); « En chacun, l'Esprit se manifeste d'une façon particulière en vue du bien commun » (1 Corinthiens 12v7) ; quelle est la conclusion de l'apôtre Paul sur la compréhension mauvaise des chrétiens de Corinthe par rapport à certains dons ? « Vous donc, puisque vous aspirez si ardemment aux manifestations de l'Esprit, recherchez avant tout à posséder en abondance celles qui contribuent à faire grandir l'Eglise dans la foi » (1 Corinthiens 14v12). « Comment donc agir, mes frères? Lorsque vous vous réunissez, l'un chantera un cantique, l'autre aura une parole d'enseignement, un autre une révélation ; celui-là s'exprimera dans une langue inconnue, celui-là en donnera la traduction ; que tout cela serve à faire grandir l'Eglise dans la foi » (v26).

Or aujourd'hui plus qu'avant certainement (l'esprit individualiste de notre société déteignant sur les chrétiens), on utilise les **dons du Saint Esprit** à des fins personnelles, pour son épanouissement spirituel ; on pense qu'on est sauvé… pour s'épanouir. A l'opposé, Paul affirme qu'on est « sauvé… pour servir ».

Le but est donc: par amour pour les autres, le Seigneur veut me qualifier pour que je leur sois utile, et je suis à mon tour édifié à travers ce que les autres m'apportent.

Selon 1 Corinthiens 12:10, nous montre clairement que Dieu a attribute à Chacun un don.

5.3 COMMENT RECEVOIR UN DON QUI VIENT DU SEIGNEUR ?

– Avant de donner une liste des dons dans Romains 12v3-8, Paul commence en donnant une condition pour les recevoir : « Je vous invite, frères, à cause de cette immense bonté de Dieu, à lui offrir votre corps comme un sacrifice vivant, saint et qui plaise à Dieu. Ce sera de votre part un culte spirituel » (v1). L'attitude de consécration, où le chrétien se donne à Dieu en priorité (et non à chercher ce que Dieu lui donne), manifeste **l'humilité** nécessaire (v3).

« Seigneur, utilise-moi à ton service » ; et ce n'est pas la peine d'ajouter de quelle manière et avec tel don souhaité… (C'est le Seigneur qui distribue les dons « comme il veut »…)

– Paul a (1 Corinthiens 12v31) : enseigne, il s'agit, non pas d'avoir une attitude passive ou de chercher à imposer à Dieu, mais de désirer vivre la volonté de Dieu. Paul mentionne que Dieu veut accorder en priorité certains dons qui sont essentiels plus que les autres. (V28), **à savoir: le don d'apporter l'évangile** (le don d'apôtre, ou missionnaire), **ensuite le don de parler de la part de Dieu** (le don de prophète, qui n'est pas d'annoncer seulement les choses à venir), et **puis le don d'exposer les vérités bibliques** (le don d'enseignant); les autres dons sont qualifiés comme étant moins essentiels pour l'œuvre du Seigneur.

– Un rappel : dans le mot « **don** » se trouve le mot « **grâce** », ce qui accentue le fait que c'est un acte de générosité de la part de Dieu ; c'est lui l'entraineur qui met chacun à la place où il veut, en qualifiant pour cette place.

– Comment savoir quel est le ou les dons que le Seigneur m'a accordés. Ce n'est pas facile à discerner; mais je crois qu'il faut être prêt à tout faire. Et Dieu éclairera; surtout les autres sur soi-même à cause des fruits.

5. 4 QUELS SONT LES DONS QUI SONT ACCORDÉS AUX MEMBRES DU CORPS DE CHRIST.

. Ils sont répartis dans 4 listes (une cinquième dans 1 Pierre 4v11 faisant un résumé sans entrer dans le détail).

- **Romains 12v3-8:** prophétie, service, enseignement, encouragement, le donateur, direction (de l'Eglise), celui qui secourt.
- **1 Corinthiens 12v8-10** : parole de sagesse, parole de connaissance, foi, dons de guérison, œuvres de puissance, prophétie, discernement des esprits, diverses langues, traduction de ces langues.
- **1 Corinthiens 12v28**: apôtres, prophètes, enseignants, puis: puissances, dons de guérisons, œuvres de secours, direction (de l'Eglise), diverses langues.
- **Ephésiens 4v11:** apôtres, prophètes, **évangélistes,** bergers-enseignants.

Il y a une vingtaine de dons différents; ils peuvent être regroupés ainsi: les dons de la parole, les dons de service, les pouvoirs spéciaux.

. Nous trouvons des points communs à ces différentes listes:

- la **nécessité de l'humilité** (Romains 12v3; 1 Corinthiens 12v21 ;
- **Ephésiens 4v2)** ; celui qui est orgueilleux ne peut pas être conduit vraiment par l'Esprit.
- L'image **du corps** apparaît (Romains 12v4-5 ; 1 Corinthiens 12v12-27 ; Ephésiens 4v4, 16) ; pas de place pour l'individualisme.
- Ces dons contribuent à **l'édification du corps.**
- **(Romains 12v5;** 1 Corinthiens 12v7, 14v5, 12, 26) ; les dons ne sont pas pour l'épanouissement personnel ; il faut alors comprendre « celui qui parle en langues s'édifie lui-même » (1 Corinthiens 14v5) autrement que pour un but personnel : Paul ferait alors remarquer que la conception du parler diverses langues de ces chrétiens n'est pas la conception du Seigneur ; ce n'est pas pour cela que l'Esprit accorde aucun des dons.
- tous ces **dons sont spirituels** : les dons du service ne le sont pas moins que les dons de la parole ; tous sont accordés par le Seigneur et permettent de vivre pour lui et tous doivent être vécus dans l'humilité.
- Certains dons se retrouvent dans les différentes listes: le don de parler de la part de Dieu (la prophétie) et le don de l'enseignement; ils sont, à l'évidence, **plus essentiels que les autres.**

- **L'amour est indispensable** pour vivre ces dons (Romains 12v9-13 ; 1 Corinthiens 13 qui est « l'approche par excellence » pour les manifester ; Ephésiens 4v2, 13 ; 1 Pierre 4v8-9).
- Le point commun aux différentes listes est aussi que les dons sont… **différents d'une liste à l'autre**; cela montre que c'est selon les Eglises que le Saint Esprit les attribue. D'autres sont certainement à rajouter, selon les besoins locaux ou selon les époques.

Tout cela a un fondement: ce n'est pas la recherche de ces dons mais la recherche de la **dépendance du Seigneur**; chacun qui vit près de lui se laisse de plus en plus modeler par lui et découvre alors quelle est sa place à son service. Et cela enrichit les autres. L'Eglise qui le vit est une mine précieuse (à ciel ouvert). Elle n'est jamais alors ni qu'un squelette ni que de la chair flasque, ni qu'une bouche ou qu'une main ou qu'une oreille (ce serait monstrueux!).

« Chacun de vous a reçu de Dieu un don particulier : qu'il le mette au service des autres comme un bon gérant de la grâce infiniment variée de Dieu. Que celui qui parle transmette les paroles de Dieu ; que celui qui sert accomplisse sa tâche avec la force que Dieu donne. Agissez en toutes ces choses de manière à ce que la gloire revienne à Dieu par Jésus-Christ à qui appartiennent la gloire et la puissance pour l'éternité. Amen! » (1 Pierre 4v10-11)

Jean-Ruben

5.5 LES DONS DU SAINT-ESPRIT SELON *1 Corinthiens 12: 7-11*

Selon *1 Corinthiens 12: 7-11 nous trouvons 9 dons de l'Esprit*

Or, à chacun la manifestation de l'Esprit est donnée pour l'utilité commune. En effet, à l'un est donnée par l'Esprit une parole de sagesse;
à un autre, une parole de connaissance, selon le même Esprit;
à un autre, la foi, par le même Esprit; à un autre, le don des guérisons, par le même Esprit;
à un autre, le don d'opérer des miracles;
à un autre, la prophétie; à un autre, le discernement des esprits;
à un autre, la diversité des langues; à un autre, l'interprétation des langues.

Un seul et même Esprit opère toutes ces choses, les distribuant à chacun en particulier comme il veut. »

Les dons du Saint-Esprit, encore appelés dons spirituels sont des capacités à haute dimension spirituelle dont nous a investis L'Éternel pour Son œuvre. Il y a 9 dons et **« Tout cela est l'œuvre d'un seul et même Esprit qui distribue son activité à chacun de manière particulière comme il veut (1 Corinthiens 12: 11) »**. Nous ne pouvons donc pas prétendre que L'Éternel, le Dieu est juste ait été plus généreux avec d'autres à nos détriments.

« Car Dieu ne se repent pas de ses dons et de son appel (Romains 11 :29». Ne demeurons pas dans l'ignorance et rentrant en possession de cette grâce que nous avons d'êtres investis spirituellement. Demandons par la prière à Dieu de nous aider à expérimenter au mieux le don que nous avons reçu de Lui. Mais certains ne les réalisent pas ou se freinent eux-mêmes, car soit ils ne font pas preuve d'amour soit ils développent un complexe de supériorité.

Afin de posséder ce dont L'Éternel nous a investis, il est important de connaître et d'aspirer à ces dons, lesquels sont classifiés selon le caractère de révélation, de puissance et d'inspiration.

5.6.- LES DONS DE RÉVÉLATION
5.6.1 PAROLE DE SAGESSE

Colossiens 2: 2-3: « …. et enrichis d'une pleine intelligence pour connaître le mystère de Dieu, savoir Christ, mystère dans lequel sont cachés tous les trésors de la sagesse et de la science. »

Le don de sagesse est une compétence qui dépasse l'entendement humain, car il ne se fonde pas sur les raisonnements de ce monde. Le don de sagesse est une portion de la Sagesse divine qui s'exprime au bon moment. Il nous accorde le discernement. C'est une découverte surnaturelle du plan et de la pensée de Dieu communiqués par le Saint-Esprit. Ce don est étroitement lié avec la révélation divine car il est porteur de vérité indiscutable. C'est par le don de sagesse que L'Éternel révéla au roi Salomon qui était la véritable mère du Nourrisson.

5.6.2 PAROLE DE CONNAISSANCE

La parole de connaissance est une bénédiction qui surpasse la connaissance par l'apprentissage. Le don de la parole de connaissance qui est une manifestation du don de sagesse qui nous fait passer de l'intelligence humaine à une dimension spirituelle éclairée dans laquelle Le Saint-Esprit nous communique les ordres ou le plan de Dieu : la révélation. On ne peut pas être investi de parole de connaissance si on expérimente pas la Sagesse divine. Ainsi, est-il écrit dans **Ephésiens 1:17: « afin que le Dieu de notre Seigneur Jésus-Christ, le Père de gloire, vous donne un esprit de sagesse et de révélation, dans sa connaissance »**. C'est demeurant dans la Sagesse divine et investi de parole de connaissance que Joseph, fils de Jacob fut en mesure d'expliquer les rêves de Pharaon afin d'expliciter aux hommes le dessin de Dieu pour l'Égypte : Les 7 années grasses et les années de famine.

5.6.3 DISCERNEMENT DES ESPRITS

1 Jean 4: 1-4 « Bien-aimés, n'ajoutez pas foi à tout esprit; mais éprouvez les esprits, pour savoir s'ils sont de Dieu, car plusieurs faux prophètes sont venus dans le monde. Reconnaissez à ceci l'Esprit de Dieu: tout esprit qui confesse Jésus Christ venu en chair est de Dieu; et tout esprit qui ne confesse pas Jésus n'est pas de Dieu, c'est celui de l'antéchrist, dont vous avez appris la venue, et qui maintenant est déjà dans le monde. Vous, petits enfants, vous êtes de Dieu, et vous les avez vaincus, parce que celui qui est en vous est plus grand que celui qui est dans le monde ».

Le discernement des esprits nous permet donc de distinguer quelle est la manifestation du Saint-Esprit et celle des esprits impurs. Le discernement des esprits est un don qui révèle nos blocages dans notre marche spirituelle afin que nous cessions d'être sous la domination des esprits qui rôdent autour de nous. Tout esprit manifesté autre que le Saint-Esprit légué par Jésus.

5.7 - LES DONS DE PUISSANCE

5.7.1 LE DON DES GUÉRISONS

Le don des guérisons ne concerne pas les avancées scientifiques de ce monde. Il ne s'agit pas de trouver le remède à une maladie mais de se servir de Christ et des Saintes Écritures comme remède pour matérialiser la guérison. Le don des guérisons nécessite de manifester dans son cœur et dans son âme le don de foi. Il est impossible de détruire le mal si l'on ne déclare pas une parole de foi. La guérison est la conséquence de la foi mutuelle de celui qui proclame la Parole et de celui qui La reçoit. Car c'est la foi qui sauve. C'est ainsi que le boiteux de Lystre fut guéri. Il avait la foi et Paul déclara avec assurance la guérison dans sa vie. Et il se mit à marcher (Actes 14 : 8-10).

5.7.2 LE DON DE MIRACLES

Le miracle vient authentifier la puissance de Dieu. Le don de miracles justifie notre qualité d'envoyé de Dieu. Et il ne peut s'exercer si nous ne cultivons pas le fruit de l'amour en nous. Le miracle est un prodige qui témoigne de la bonté de Dieu. Seuls les disciples vrais dans le parcours spirituel peuvent en être bénis comme l'apôtre Paul par exemple.

5.7.3 LE DON DE FOI

Le don de foi est la dimension la plus élevée de la foi. Cela va au-delà de la foi confiante. C'est donc une manifestation de l'Esprit en nous de telle sorte que nous surpassions la foi humaine collective. Ce don s'opère par une attitude de l'intime optimisme sur la réalisation de Dieu dans nos vies. *« Dieu fera, il fera indubitablement peu importe le temps que ça prend»*. On pourrait dire que la foi générale saisit les promesses de Dieu contenues dans l'Écriture, tandis que le don de la foi manifeste l'Esprit dans notre cœur de sorte à matérialiser l'impossible. Un exemple de don de foi est Daniel qui dans la fosse aux lions a atteint une dimension spirituelle de la foi qui a déclenché l'intervention de Dieu et a soumis les lions à son autorité.

5.8 LES DONS D'INSPIRATION

5.8.1 LE DON DE PROPHÉTIE

Corinthiens 14: 29-31: «Pour ce qui est des prophètes, que deux ou trois parlent, et que les autres jugent; et si un autre qui est assis a une révélation, que le premier se taise. Car vous pouvez tous prophétiser successivement, afin que tous soient instruits et que tous soient exhortés

La prophétie est une révélation toujours en accord avec la Parole de Dieu. *« Celui qui prophétise, au contraire, parle aux hommes, les édifie, les exhorte, les console »*.

Avoir le don de prophétie c'est expérimenter le dévoilement surnaturel des faits et événements. Tous peuvent accéder à ce don mais tous ne s'en donnent pas les moyens (sanctification, méditation de la Bible, prière, investissement, consécration…).

5.8.2 LA DIVERSITÉ DES LANGUES

Jude 1:20: « pour vous, bien-aimés, vous édifiant vous même sur votre très sainte foi, et priant par le Saint-Esprit. »

La diversité des langues peut se manifester différemment que ce soit en s'exprimant en langues inconnues afin de communiquer l'évangile ou par le parler en langue en s'adressant à Dieu sous la couverture totale et profonde du Saint-Esprit. Le don des langues permet de se fortifier et de développer une relation étroite avec Dieu. Le message en langues émanant de la diversité des langues, est à différencier du parler en langue signe initiale du baptême du Saint-Esprit, et qui doit toujours être suivi d'une interprétation.

5.8.3 L'interprétation des langues

L'interprétation des langues désigne l'explication des messages libérés en langues.

1 Corinthiens 14: 27-28: « En est-il qui parlent en langue, que deux ou trois au plus parlent, chacun à son tour, et que quelqu'un interprète s'il n'y a point d'interprète, qu'on se taise dans l'Église, et qu'on parle à soi-même et à Dieu. ». Le don d'interprétation des langues est complémentaire à celui de la diversité des langues dans la mesure où certains sont investis pour retranscrire les paroles libérées quand nous manifestons L'Esprit. L'interprétation des langues permet d'édifier le peuple et surtout ceux qui ne se sont pas abandonnés au contrôle divin. La diversité des langues et l'interprétation des langues forment ensemble les composantes du don de prophétie.

En somme retenons que nous n'avons rien fait pour métier la grâce mais Dieu nous l'a accordé parce qu'Il nous aiment. Cette grâce ne se limite pas au fait que nous soyons sauvés et rachetés par Christ, elle nous accompagne tout au long de notre vie spirituelle. Les dons spirituels nous permettent d'expérimenter une connexion plus étroite avec le Seigneur qui n'attend que nous prenions conscience de nos capacités. Mais sans l'amour, le partage et l'édification, nous pouvons restreindre notre potentiel car les dons de l'Esprit ne sont fertiles qu'au travers des fruits de l'Esprit.

Le don n'est pas une question de mérite car Dieu nous aime tous et a déposé en nous un potentiel particulier. C'est une question de disponibilité. Dans la Bible, allant de l'ancienne alliance à la nouvelle alliance, les dons n'ont cessé de se dévoiler parmi les élus de Dieu. Cependant, la manifestation de la diversité des langues et l'interprétation des langues n'est présente que dans le nouveau testament fruit du passage de Jésus et héritage du Saint-Esprit qui avait été promis, pour nous guider.

CHAPITRE 6: LES FRUITS DU SAINT-ESPRIT

Galates 5: 22- 26

"Mais le fruit de l'Esprit c'est l'amour, la joie, la paix, la patience, l'amabilité, la bonté, la fidélité, la douceur, la maîtrise de soi. La Loi ne condamne certes pas de telles choses Paul déclare que personne n'aurait l'idée d'établir une loi qui serait contre ces vertus, et le Saint-Esprit ne s'oppose pas non plus à la Loi de Moïse. A ses adversaires judaïsants, l'apôtre montre que la Loi n'est pas violée par l'Évangile, car à ceux qui sont libres sous la grâce, il rappelle vivement ce qu'ils doivent être pour se trouver en harmonie avec la volonté de Dieu. C'est le Saint-Esprit qui rend le croyant capable d'accomplir la Loi spontanément.

Je parle ici de l'esprit de cette Loi, c'est-à-dire l'accomplissement des deux commandements dont Jésus a dit qu'ils résument toute la Loi. Je les cite *"Tu aimeras le Seigneur, ton Dieu, de tout ton cœur, de toute ton âme et de toute ta pensée."*

C'est là le commandement le plus grand et le plus important. Et il y en a un second qui lui est semblable: "Tu aimeras ton prochain comme toi-même."

Tout ce que la Loi et les prophètes enseignent, est contenu dans ces deux commandements (Matthieu 22.37-40). Comme j'ai déjà eu l'occasion de le dire, le croyant ne peut manifester les vertus chrétiennes que s'il demeure en communion avec le Christ dans son amour.

L'évangile selon Jean rapporte que Jésus a dit à ses disciples: *Si vous obéissez à mes commandements, vous demeurerez dans mon amour, tout comme moi-même j'ai obéi aux commandements de mon Père et je demeure dans son amour (Jean 15.10).* Ce verset est important parce qu'on y découvre que c'est en obéissant au Seigneur que le chrétien produit ce que Paul appelle *le fruit de l'Esprit.*

Or il place en tête de liste ***l'amour,*** qui peut être compris comme étant le fruit par excellence, c'est à dire celui qui commande tous les autres, et pour de bonnes raisons. En effet, selon l'Écriture, *Dieu est amour* et *Dieu a tant aimé le monde qu'il a donné* *son Fils unique* (1Jean 4.8; Jean 3.16). Cet amour désintéressé qui émane de l'Esprit a motivé Jésus à s'offrir en sacrifice pour les péchés des hommes.

Dans notre culture, aimer englobe tellement de sentiments qu'on ne sait plus très bien ce que ça veut dire. Il en est constamment question dans les médias, les chansons à la mode, dans les livres et magazines, et sous son aspect érotique surtout dans le monde du cinéma et de la publicité. Dans notre société décadente où il est interdit d'interdire, comme il ne reste plus guère de tabous, une majorité de gens, dont beaucoup de jeunes, se lancent dans des aventures sexuelles qu'ils assimilent à l'amour. En réalité, ils ignorent ce qu'aimer veut dire, autrement ils ne coucheraient pas à droite et à gauche en s'exploitant les uns les autres de cette manière.

Un prédicateur de la vieille école raconte: *Je me souviens quand j'ai demandé à celle qui est maintenant mon épouse de se marier avec moi. Je lui ai dit: "Quand je prêche, je dis la vérité. J'annonce l'Évangile sans mettre de gants et sans arrondir les angles ce qui un jour risque de m'attirer des ennuis. Alors, je vais peut-être me faire jeter et on se retrouvera à la rue comme des malpropres. " Elle m'a répondu: "Dans ce cas, je jouerai du tambour pour attirer du monde à qui tu pourras prêcher." "Ça, c'est l'amour!"* Ce même prédicateur continue. *Quand nous avons perdu notre petite fille à la naissance, je ne voulais pas que le médecin le lui dise, car c'était à moi de le faire. Lorsque je lui ai annoncé la terrible nouvelle, nous avons alors pleuré ensemble, puis prié. Cet amour que nous avions l'un pour l'autre était le fruit de l'Esprit.*

Le second fruit que Paul mentionne est la joie intérieure, celle qui ne dépend pas des circonstances. Dans le monde, on prend du bon temps ou son pied comme on dit maintenant. On va à des soirées ou dans des boîtes de nuit, mais tous ces gens ont l'air de s'ennuyer à mourir. Ils tentent bien de jouer les gais lurons en buvant sec de l'alcool, mais ce n'est pas très concluant. Ils n'ont pas l'air particulièrement heureux quand ils arrivent et encore moins quand ils repartent, la mine déconfite parce qu'alors ils sont sur les rotules. Quelle différence avec la joie qui est décrite dans les Écritures! L'apôtre Jean écrit: *Or, la communion dont nous jouissons est avec le Père et avec son Fils Jésus-Christ. Si nous vous écrivons ces choses, c'est pour que notre joie soit complète (1Jean 1.4)*. En d'autres mots, jouir de la vie et être dans la joie découlent de la communion avec Dieu.

Le troisième fruit que Paul mentionne est la paix. Il y en a au moins deux sortes. Je cite les passages: *Puisque nous avons été déclarés justes en raison de notre foi, nous sommes en paix avec Dieu grâce à notre Seigneur Jésus-Christ. Je vous laisse la paix, je vous donne ma paix. Moi, je ne vous donne pas comme le monde donne. Que votre cœur ne se trouble pas et ne s'alarme pas (Romains 5.1; Jean 14.27)*. La paix avec Dieu provient du fait que le croyant a été déclaré juste devant lui à cause de sa foi en Jésus-Christ. La paix en Dieu est cette tranquillité de l'âme, cette quiétude, cette sérénité intérieure que le croyant peut expérimenter même face à l'adversité s'il est en communion avec son Seigneur. Cela dit, dans la réalité de la vie des croyants, y compris celle de l'apôtre Paul, la paix et la joie ne sont pas des sentiments omniprésents qui éclipsent tous les autres. En effet, non seulement l'être humain est déjà en lui-même fort complexe, mais celui qui a placé sa foi en Jésus-Christ l'est encore davantage, parce qu'il possède deux natures, deux capacités opposées dans le même corps. Cela veut dire qu'il peut expérimenter simultanément des sentiments contradictoires comme la paix de Dieu et un certain contentement, tout en étant en proie à un trouble. C'est ce qui apparaît dans la vie du grand apôtre Paul lui-même. Ainsi, d'une part, il dit que le fruit de l'Esprit est l'amour, la paix et la joie et il exhorte les chrétiens à se réjouir, mais d'autre part, il avoue être soucieux, désemparé, avoir l'esprit perturbé et trouver un réconfort dans un événement favorable. Aux Philippiens et dans sa seconde épître aux Corinthiens, il écrit : *Réjouissez-vous en tout temps de tout ce que le Seigneur est pour vous. Oui, je le répète, soyez dans la joie. Je n'ai pas eu l'esprit tranquille parce que je n'avais pas retrouvé mon frère Tite. Mais Dieu, qui réconforte ceux qui sont abattus, nous a réconfortés par son arrivée. Ainsi, nous sommes accablés par toutes sortes de détresses et cependant jamais écrasés. Nous sommes désemparés, mais non-désespérés. Et sans parler du reste, je porte mon fardeau quotidien: le souci de toutes les Églises. En effet, qui vient à faiblir sans que j'en sois malade? Qui fait une chute sans que j'en sois affecté. Je trouve ainsi ma joie dans la faiblesse, les insultes, la détresse, les persécutions et les angoisses que j'endure pour le Christ. Car c'est lorsque je suis faible que je suis réellement fort (Philippiens 4.4; 2Corinthiens 2.13, 7.6; 4.8; 11.28-29; 12.10)*.

Le 4e fruit mentionné par Paul est une vertu très proche de la persévérance. Ce trait consiste à supporter les fausses accusations et les mauvais traitements. Aux Colossiens, Paul écrit : *Dieu vous fortifiera pleinement à la mesure de sa puissance glorieuse, pour que vous puissiez tout supporter et persévérer jusqu'au bout et cela avec joie (Colossiens 1.11).*

Les deux prochaines vertus sont *l'amabilité* et *la bonté*. La première correspond à une attitude de politesse, de gentillesse et de complaisance; la seconde est l'action de faire ce qui est bien pour les autres.

Le 7e fruit est la *fidélité*. Il s'agit d'une personne digne de confiance et sur qui on peut compter parce que ce qu'elle dit, elle le fait; ses actions sont conformes à ses paroles. Dans une parabole, Jésus a dit: *Si quelqu'un est fidèle dans les petites choses, on peut aussi lui faire confiance pour ce qui est important. Mais celui qui n'est pas fidèle dans les petites choses ne l'est pas non plus pour ce qui est important (Luc 16.10).*

Le 8e fruit est la douceur. Dans le Nouveau Testament elle signifie soit la soumission à la volonté de Dieu, soit les égards pour autrui. Ceux qui manifestent cette qualité sont des instruments de paix et ils ne cherchent jamais à paraître.

La dernière vertu est la *maîtrise de soi,* c'est à dire la modération, la tempérance. Cette qualité consiste à ne pas se laisser aller à ses impulsions primaires, à ne pas réagir au quart de tour comme on dit. Ces neuf fruits mentionnés par Paul et que le chrétien doit manifester dans son quotidien, représentent tout un programme de vie. Par exemple, avez-vous déjà essayé de devenir doux et humble? Si vous y êtes parvenu, peut-être en êtes-vous un peu fier. Aïe ! C'est un loupé, car vous n'êtes plus doux et humble.

Qu'on soit croyant ou pas, tout le monde est en faveur de ces 9 vertus dans la vie des autres et même dans la sienne. Je ne suis pas ici pour juger, mais disons que j'aime bien inspecter les fruits. Quand je vais au marché, j'en achète toujours qui sont de saison. Alors, je fais d'abord le tour des étalages pour voir les prix et la qualité de la marchandise et ensuite je choisis.

Suite à la liste que l'apôtre Paul nous a soumise, la question que je me pose est celle-ci : *Combien de ces vertus transparaissent dans ma vie ?*

Verset 24

Je continue le texte de Paul aux Galates.

Or, ceux qui appartiennent à Jésus-Christ ont crucifié l'homme livré à lui-même avec ses passions et ses désirs (Galates 5.24).

Bien que ce crucifiement dure pendant toute la vie terrestre, l'apôtre le considère comme un fait accompli, parce que chez un croyant, cette puissance de corruption ne règne plus, et elle est destinée à périr et disparaître totalement.

Précédemment, l'apôtre a dit: *J'ai été crucifié. Par la croix le monde du péché a été crucifié pour moi, de même que moi je l'ai été pour ce monde (Galates 2.19).* Et plus loin dans cette épître, il ajoute: *En ce qui me concerne, je ne veux à aucun prix placer ma fierté ailleurs que dans la mort de notre Seigneur Jésus-Christ sur la croix. Par elle, en effet, le monde du péché a été crucifié pour moi, de même que moi je l'ai été pour ce monde (Galates 6.14).* Ces deux citations décrivent une action passive. Ayant placé sa foi en Jésus, le croyant a été crucifié avec Jésus-Christ et bénéficie des conséquences de son union avec lui; sa nature pécheresse a été potentiellement détruite en même temps que le corps de Jésus.

Ici, par contre, Paul dit littéralement: *Ceux qui sont à Jésus-Christ ont crucifié la chair avec ses passions.* Il s'agit donc d'une démarche active de la part du croyant. Soyons clair, il n'est évidemment pas question de mortification comme ceux qui dans certains pays d'Amérique latine ou aux Philippines font le chemin de croix en se flagellant et en se faisant partiellement crucifier. Ce comportement est inutile et malfaisant car personne ne peut expier le moindre de ses péchés. Ici, Paul fait évidemment référence à tous ceux qui se sont identifiés par la foi à Jésus crucifié et ressuscité.

Quand le Seigneur est mort, le croyant a été jugé avec lui et en puissance, il est mort au péché. Aux Romains, Paul écrit : *Ne mettez pas vos membres à la disposition du péché comme des instruments au service du mal. Mais puisque vous étiez morts et que vous êtes maintenant vivants, offrez-vous vous-mêmes à Dieu et mettez vos membres à sa disposition comme des instruments au service du bien (Romains 6.13).* Par la croix et l'action du Saint-Esprit dans sa vie, le croyant n'est plus obligé de se soumettre aux exigences du péché qui habite en lui. Il peut avoir gain de cause sur sa vieille nature s'il choisit résolument de rompre avec les passions naturelles qui animent tout homme brut, livré à lui-même ; c'est une action volontaire de la part du croyant, et la victoire ne s'obtient pas en luttant, mais en se soumettant par la foi à l'action du Saint-Esprit ce qui dans le quotidien revient à mettre en pratique l'enseignement de la Parole de Dieu.

Verset 25

Puisque l'Esprit est la source de notre vie, marchons aussi selon l'Esprit (Galates 5.25). Littéralement: « *Si nous vivons par l'Esprit, marchons aussi par l'Esprit.* » Mais quelle est la différence entre vivre et marcher par l'Esprit ? Eh bien le premier indique la source et le second ce qu'il en résulte. Non seulement l'expérience chrétienne commence par l'Esprit, mais elle continue aussi par lui. Et si l'Esprit a créé dans l'enfant de Dieu une vie nouvelle, ce n'est pas pour l'enfermer en lui, mais afin qu'elle produise des fruits. Paul rappelle donc que le le croyant a reçu le Saint-Esprit pour qu'il le laisse diriger sa marche chrétienne en se soumettant à ses directives, dans ses pensées, dans ses paroles et dans son comportement.

Le mot traduit par *marcher* signifie *avancer en ordre.* Paul dit donc que pendant le reste de leur vie terrestre, les Galates doivent apprendre à marcher droit, comme il se doit. Ce long processus est très similaire à l'apprentissage physique de la marche. Quand un bébé atteint l'âge de faire ses premiers pas, les parents ne lui donnent pas un cours d'anatomie et ne lui expliquent pas les implications psychologiques et sociologiques de la marche. L'enfant se met d'abord debout tout seul puis tout en se tenant, il tâte le sol avec ses pieds qu'il essaie de mettre tant bien que mal l'un devant l'autre, en titubant et aussi en tombant. Alors, il pleure puis se relève et recommence. Dès qu'il arrive à mettre un pied devant l'autre, il augmente la cadence jusqu'à courir, et finalement il a autant d'assurance qu'un chamois alpin.

C'est de cette même manière que le croyant doit apprendre à avancer dans la vie chrétienne, en faisant des erreurs, en se relevant quand il tombe et en recommençant. Quelquefois, je commence très bien la journée au point où j'ai l'impression que c'est le ciel sur la terre. Puis il se passe un petit incident de parcourt surtout si je dois me déplacer en voiture. Je suis coincé dans un embouteillage, j'ai une crevaison ou pire encore, quelqu'un me fait une queue de poisson et je vois rouge. J'arrive au bureau et d'innombrables petits désagréments peuvent avoir lieu, certains terribles comme le café qui est brûlé. Le retour aussi est hasardeux. À la maison, ce sont les soucis de trésorerie, le partage des tâches ménagères, un enfant qui est malade ou qui s'est mal conduit et qu'il faut punir. Il est facile d'imaginer ainsi des centaines de contrariétés possibles dans une journée et chacune a le potentiel de faire remonter la vieille nature à la surface. Marcher selon l'Esprit c'est confier chaque incident à Dieu qui dans sa souveraineté contrôle tout. Ça on le sait, mais le vivre est difficile, j'en conviens.

Verset 26

Ne soyons pas vaniteux et évitons de nous provoquer les uns les autres et de nous jalouser mutuellement (Galates 5.26).

Littéralement, Paul dit : « Ne devenons pas amateur de vaine gloire », ce qui suppose que ce mal n'existe pas chez tous les Galates. La liberté que le Christ a acquise aux Galates aurait dû les conduire à se mettre au service les uns des autres, car le but que Dieu nous fixe est que nous aimions notre prochain. Mais dans la réalité et sans doute à cause de la présence des Judaïsants, ces chrétiens sont divisés en différents clans. Les forts provoquent les plus faibles qui sont jaloux des premiers. Il semble qu'un certain nombre d'entre eux soit engagé dans une lutte pour le pouvoir, et ils cherchent à s'élever dans une vaine gloire en se piétinant les uns les autres. Cet état de fait catastrophique prouve bien l'échec de leur aspiration à la perfection en obéissant à la Loi.

Les Galates comme tous les croyants, doivent choisir entre deux maîtres: soit leur propre sagesse et leurs mauvais penchants, soit obéir au Seigneur et à sa Parole. La vie chrétienne n'est pas une ascension en montgolfière qui emmène le chrétien vers des sommets toujours plus élevés d'expériences extraordinaires, mais une marche quotidienne en toute humilité où on met un pied devant l'autre en obéissant au Saint-Esprit.

CHAPITRE 7: LE BAPTEME DU SAINT-ESPRIT

7.1QUE CE QUE LE BAPTEME DU SAINT- ESPRIT?

La question du baptême dans le Saint-Esprit (ou du Saint-Esprit, les deux expressions se valent) fait l'objet de deux compréhensions différentes des Écritures parmi les évangéliques.

Nous croyons tous que le Saint-Esprit est l'agent de la nouvelle naissance et qu'il habite le croyant né de nouveau. Mais certains affirment que cette action régénératrice du Saint-Esprit constitue en soi le baptême du Saint-Esprit dont parle l'Écriture, alors que d'autres, dans la mouvance pentecôtiste et charismatique, sont convaincus que le baptême dans le Saint-Esprit est une expérience distincte de la nouvelle naissance. C'est ce que je crois personnellement et ce que j'enseigne, tout en respectant ceux qui ne partagent pas mes vues.

Ma réponse à cette question sera donc conforme à mes convictions profondes.

Pour recevoir le baptême du Saint-Esprit, voici quelques conditions nécessaires:

7.1.1 AVOIR UNE CONVICTION QU'IL EST CONFORME À L'ÉCRITURE :

a. Afin d'être rempli de la plénitude de Dieu (Éphésiens 3.14-19)

b. Promis par Jésus (Jean 14.15-18, 26; 15.26; 16.7-15; Luc 24.49; Actes 1.4-8)

c. Accompli aux temps apostoliques (Actes 2.1-4; 8.14-18; 10.44-46; 19.2-7)

d. Valable encore aujourd'hui (Actes 2.38-39)

2. AVOIR UNE VIE EN RÈGLE AVEC DIEU DANS L'OBÉISSANCE À SA PAROLE:

a. Repentance, pardon des péchés et baptême dans l'eau (Actes 2.38-39)

b. Garder ses commandements (Jean 14.15-16)

c. Vivre dans l'obéissance (Actes 5.32)

7.1.2 AVOIR SOIF DE LA BÉNÉDICTION PROMISE:

a. Venir à Jésus et croire en lui (Jnean 7.37-39)

7.1.3 AVOIR DE LA PERSÉVÉRANCE DANS LA PRIÈRE:

a. Les disciples qui attendent dans la chambre haute (Actes 1.14)

b. Il faut lui demander (Luc 11.9-13)

5. Avoir la foi qu'il nous le donné:

a. Croire qu'on l'a reçu, et le voir s'accomplir (Marc 11.24)

b. Savoir que nous le possédons (1 Jean 5.14-15)

Le baptême dans le Saint-Esprit s'accompagne normalement du parler en langues qui en est le signe initial (Actes 2.1-4 ; 10.44-46 ; 19.2-7). Mais ce parler en langues ne nous vient pas d'une manière incoercible, c'est-à-dire sans notre plein assentiment.

De plus, lorsque nous parlons en langues, l'inspiration vient bien du Saint-Esprit en ce qui concerne le contenu de ce que nous disons, mais c'est notre organe vocal naturel qui fonctionne. Actes 2.4 nous dit : "ils se mirent à parler en d'autres langues (ce sont eux qui parlaient, qui articulaient les syllabes), selon que l'Esprit leur donnait de s'exprimer (le contenu de ce qu'ils disaient venait du Saint-Esprit).

L'obstacle majeur à la réception du baptême dans le Saint-Esprit consiste en un tel désir d'authenticité qu'on est paralysé par la crainte de produire soi-même ce parler en langues. Or, je le dis souvent, la crainte est l'opposé de la foi. Nous n'avons pas à craindre une quelconque contrefaçon; celui qui baptise de l'Esprit (Luc 3.16) nous l'a promis:

"Quel est parmi vous le père qui donnera une pierre à son fils, s'il lui demande du pain? Ou, s'il demande un poisson, lui donnera-t-il un serpent au lieu d'un poisson? Ou, s'il demande un oeuf, lui donnera-t-il un scorpion? Si donc, méchants comme vous l'êtes, vous savez donner de bonnes choses à vos enfants, à combien plus forte raison le Père céleste donnera-t-il le Saint-Esprit à ceux qui le lui demandent." (Luc 11.11-13)

L'idéal, c'est que cette recherche du baptême dans le Saint-Esprit se fasse au sein d'une assemblée qui professe le plein Évangile, en la présence de pasteurs ou d'anciens remplis de l'Esprit. Ils peuvent alors imposer les mains selon le modèle biblique en vue de la réception du Saint-Esprit (Actes 8.17; 9.17; 19.6).

De plus ils sont, par leur perception spirituelle, à même de vérifier l'authenticité de l'expérience vécue.

7.2 A QUEL MOMENT LE SAINT-ESPRIT VIENT-IL VIVRE EN NOUS?

Certains prédicateurs disent, même si nous sommes baptisés par immersion (au nom du père, du fils et du saint-esprit) nous devrions demander à dieu le père qu'il nous remplisse de son esprit saint, sinon nous n'avons pas le saint-esprit en nous.

7.3 A QUEL MOMENT LE BAPTEME DU SAINT-ESPRIT SE PRODUIT DANS LA VUE DU DISCIPLE DE JESUS- CHRIST?

Réponse:

Voici, en peu de lignes, quelques explications bibliques sur ce domaine du Saint-Esprit:

7.3.1 LE BAPTÊME PAR IMMERSION,

le baptême d'eau, ne transmet pas ni n'accorde en aucun cas le Saint-Esprit.

Selon Matthieu 28.19-20, Jésus-Christ a demandé à ses disciples d'aller partout annoncer l'Évangile et de baptiser les nouveaux disciples. Ceux-ci sont des êtres humains conscients d'avoir accepté Christ comme leur Sauveur et Seigneur, heureux d'être nés de nouveau et souhaitant démontrer la réalité de leur conversion par le baptême. Ils ont donc déjà reçu le Saint-Esprit.

7, 3, 2 L'ÊTRE HUMAIN EST BAPTISÉ PAR LE SAINT-ESPRIT LORSQU'IL, ELLE, NAÎT DE NOUVEAU.

Jésus exprime clairement que nul (le) ne peut entrer dans le Royaume de Dieu sans être né (e) de nouveau, cf Jean 3.3 et 5-6 *«Jésus lui répondit: «En vérité, en vérité, je te le dis, à moins de naître de nouveau, personne ne peut voir le royaume de Dieu. »... Vraiment, je te l'assure, reprit Jésus, à moins de naître d'eau, c'est-à-dire d'Esprit, personne ne peut entrer dans le royaume de Dieu. Ce qui naît d'une naissance naturelle, c'est la vie humaine naturelle. Ce qui naît de l'Esprit est animé par l'Esprit.* » Ici, le Seigneur indique de manière évidente que la nouvelle naissance est produite par l'Esprit! Oui, lors de la nouvelle naissance et donc de sa conversion, la personne est baptisée du Saint-Esprit. Jean 1.12-13 l'exprime aussi précisément: *«Certains pourtant l'ont accueilli; ils ont cru en lui. A tous ceux-là, il a accordé le privilège de devenir enfants de Dieu. Ce n'est pas par une naissance naturelle, ni sous l'impulsion d'un désir, ou encore par la volonté d'un homme, qu'ils le sont devenus; mais c'est de Dieu qu'ils sont nés.* » Impossible de naître de Dieu sans l'intervention de l'Esprit, sans le baptême de l'Esprit, ainsi parvient l'Enfant de Dieu à la vraie Vie.Romains 8.9 nous dit que *«Si quelqu'un n'a pas l'Esprit de Christ, il ne lui appartient pas»*. Il peut malheureusement arriver que quelqu'un se fasse baptiser par tradition sans réellement être né de nouveau, sans avoir reçu l'Esprit. Dans ce cas, le baptême que cette personne vit est vain et ne revêt aucune signification réelle. Il arrive aussi que certains enfants de Dieu tardent à demander le baptême par immersion après leur conversion... et cela ne remet pas en cause la présence du Saint-Esprit en eux, ni la réalité de leur salut ni leur identité de disciples. Simplement, il leur faudrait encore obéir à l'ordonnance du Seigneur concernant le baptême d'eau!

Enfin, demander au Seigneur qu'Il nous remplisse de Son Esprit n'est surtout pas inutile...

L'apôtre Paul souligne qu'il nous est possible d'attrister le Saint-Esprit, et même le risque existe de l'éteindre... cf Éphésiens 4.30 et 1 Thessaloniciens 5.19. Pour que l'Esprit conduise réellement notre vie, il est nécessaire de Le laisser pleinement régner en nous et pour cela, oui, prier régulièrement le Seigneur qu'Il nous garde dans Sa dépendance et qu'Il nous remplisse de l'Esprit. Et l'apôtre ajoute cette injonction, cet appel aux chrétiens de l'Église de Galate: «*Je vous dis donc ceci: laissez le Saint-Esprit diriger votre vie, et vous n'obéirez pas aux désirs qui animent l'homme livré à lui-même. »*

Quel privilège de pouvoir, en tant que disciples de Christ, compter sur le soutien permanent de notre Consolateur et Avocat, le Saint-Esprit!

CONTENTS

LE SAINT – ESPRIT 1

INTRODUCTION 1

CHAPITRE 1: LA PERSONNE DU SAINT ESPRIT 2

CHAPITTRE 2 : LA DIVINITE DU SAINT- ESPRIT 9

CHAPITRE 3: LES NOMS ET LES SYMBOLES DU SAINT-ESPRIT 16

CHAPITRE 4: LES OFFENSES CONTRE LE SAINT- ESPRIT 27

CHAPITRE 5: LES DONS DU SAINT-ESPRIT 33

CHAPITRE 6: LES FRUITS DU SAINT-ESPRIT 42

CHAPITRE 7: LE BAPTEME DU SAINT-ESPRIT 50

Printed by Books on Demand GmbH, Norderstedt / Germany